Novelas Cortas para Aprender Griego

Historias cortas en Griego para principiantes

Adonis Demetriou

Este libro se ha diseñado utilizando recursos de www.freepik.com

greenthumbpublishing@gmail.com

Contenido

Introducción

Leer en una lengua extranjera es una de las formas más eficaces de mejorar las habilidades lingüísticas y ampliar el vocabulario. Sin embargo, a veces puede ser difícil encontrar materiales de lectura atractivos y de un nivel adecuado que proporcionen una sensación de logro y de progreso. La mayoría de los libros y artículos escritos para hablantes nativos pueden ser demasiado largos y difíciles de entender o pueden tener un vocabulario de muy alto nivel, por lo que te sientes abrumado y te rindes. Si estos problemas le resultan familiares, ¡este libro es para usted!

Novelas Cortas para Aprender Griego es una colección de 25 historias cortas poco convencionales y entretenidas que están diseñadas para ayudar a los estudiantes de Griego de nivel principiante a intermedio a mejorar sus habilidades lingüísticas. Estas historias cortas crean un ambiente de apoyo a la lectura al incluir;

-contenido lingüístico rico en diferentes géneros para mantenerlo entretenido y exponerlo a una variedad de formas de palabras.
-Historias más cortas en capítulos para darle la satisfacción de terminar las historias y progresar rápidamente.
-Los textos están escritos a su nivel para que sean más fáciles de comprender y no abrumen.

Encontrarás la traducción al español en páginas alternas para que puedas consultarla directamente

línea por línea mientras lees la historia en Griego.

El vocabulario clave aparece en negrita en la historia y en la traducción para ayudarle a entender más fácilmente las palabras que no conoce.

Preguntas para evaluar su comprensión de los acontecimientos clave y animarle a leer más a fondo.

Así que, tanto si quieres ampliar tu vocabulario como mejorar tu comprensión o simplemente leer por diversión, este libro es el mayor paso adelante que darás en tus estudios este año. Novelas Cortas para Aprender Griego te dará todo el apoyo que necesitas, así que siéntate, relájate y deja volar tu imaginación mientras te transportas a un mundo mágico de aventuras, misterio e intriga... ¡en Griego!

Cómo leer con eficacia

La lectura es un talento difícil de dominar. Utilizamos una serie de microhabilidades para ayudarnos a leer en nuestras lenguas maternas. Por ejemplo, podemos hojear un pasaje para entender a grandes rasgos el contenido. También podemos leer numerosas páginas de un horario de tren para buscar una hora o un lugar concretos. Mientras que estas microhabilidades son naturales cuando leemos en nuestra lengua materna, las investigaciones revelan que solemos olvidar la mayoría de ellas cuando leemos en una lengua extranjera. Cuando aprendemos una lengua extranjera, solemos empezar por el principio de un texto y nos abrimos paso a través de él, tratando de entender cada una de las palabras. Inevitablemente, nos encontramos con términos desconocidos o complejos y nos sentimos molestos por nuestra incapacidad para comprenderlos.

Una de las mayores ventajas de leer en una lengua extranjera es que se está expuesto a un gran número de frases y expresiones que se utilizan en situaciones cotidianas. La lectura extensiva es un término utilizado para describir la lectura por placer con el fin de aprender un idioma. No es como la lectura de un libro de texto, cuando las conversaciones o los textos están diseñados para ser leídos lenta y cuidadosamente con el objetivo de comprender cada palabra. "Lectura intensiva" se refiere a la lectura que se realiza para alcanzar objetivos específicos de aprendizaje o

completar tareas. Dicho de otro modo, la lectura intensiva de libros de texto suele ayudar al aprendizaje de reglas gramaticales y vocabulario concreto, pero la lectura extensiva de cuentos ayuda al aprendizaje del lenguaje natural.

Aunque es posible que haya comenzado su viaje de aprendizaje de idiomas únicamente con libros de texto, le ofreceremos la oportunidad de aprender más sobre la lengua inglesa natural en uso. A continuación le ofrecemos algunas indicaciones que debe tener en cuenta al leer las historias de este libro para sacar el máximo provecho de ellas: Cuando se trata de leer, el disfrute y la sensación de logro son fundamentales. Uno sigue volviendo a por más porque disfruta con lo que lee. Leer cada historia de principio a fin es la mejor manera de disfrutar de la lectura de historias y sentirse realizado. Por eso, lo más importante es llegar al final de una historia. De hecho, es más crucial que saberse todas las palabras.

Cuanto más leas, más conocimientos adquirirás. Si lees libros largos por placer, comprenderás rápidamente cómo funciona el Griego. Sin embargo, ten en cuenta que para obtener todos los beneficios de la lectura extensiva, primero debes leer un volumen suficientemente importante. Leer unas pocas páginas aquí y allá puede enseñarle algunas palabras nuevas, pero no supondrá una diferencia significativa en su nivel general de Griego.

La guía de lectura

Para aprovechar al máximo la lectura de Short Stories in English for Intermediate Learners, lo mejor será que sigas este sencillo proceso de lectura en seis pasos para cada capítulo de los cuentos:

Lee el título del capítulo. Piensa en qué podría tratarse la historia. A continuación, lee la historia hasta el final. Tu objetivo es simplemente llegar al final de la historia. Por tanto, no te detengas a buscar palabras y no te preocupes si hay cosas que no entiendes. Simplemente intenta seguir la trama.

Cuando llegues al final de la historia, escudriña la traducción al español para ver si has entendido lo que ha sucedido y recoge el contexto que hayas podido perder.

Vuelve a leer la misma historia. Si quieres, puedes centrarte más en los detalles de la historia que antes, pero si no, simplemente vuelve a leerla.

A continuación, trabaja con las Comprehension Questionsen Griego para comprobar que has entendido los acontecimientos clave de la historia. Si no entiendes del todo las preguntas, no te preocupes. Utiliza tus conocimientos para responder lo mejor posible.

Llegados a este punto, debería comprender en cierta medida los principales acontecimientos del capítulo. Si no es así, puedes releer el capítulo varias veces utilizando la traducción para comprobar las palabras y

frases desconocidas hasta que te sientas seguro.

Una vez que esté preparado y confíe en que entiende lo que ha sucedido -ya sea después de una o varias lecturas de la historia-, pase a la siguiente historia y siga disfrutando de ella a su propio ritmo, como haría con cualquier otro libro. Sólo una vez que haya completado una historia en su totalidad, debería considerar la posibilidad de volver atrás y estudiar el lenguaje de la historia con más profundidad, si así lo desea. O, en lugar de preocuparse por entenderlo todo, tómese el tiempo necesario para concentrarse en todo lo que ha entendido y felicitarse por todo lo que ha hecho.

Novelas Cortas

para Aprender Griego

Adonis Demetriou

Τα ερείπια της Πομπηίας

Ο ήλιος έδερνε ανελέητα την πόλη της Πομπηίας εδώ και μέρες. Οι κάτοικοι είχαν συνηθίσει τη ζέστη, αλλά ακόμη και αυτοί είχαν **αρχίσει να** αισθάνονται τις συνέπειες του **αδυσώπητου** καύσωνα. Το νερό είχε αρχίσει να λιγοστεύει και τα πνεύματα είχαν αρχίσει να φουντώνουν. Το πρωί της 24ης Αυγούστου, τα πράγματα άλλαξαν προς το χειρότερο. Ένας τεράστιος σεισμός συγκλόνισε την πόλη, ακολουθούμενος από μια έκρηξη του Βεζούβιου που κάλυψε την Πομπηία με πυκνή **ηφαιστειακή** τέφρα. Οι πολίτες πανικοβλήθηκαν καθώς προσπαθούσαν να ξεφύγουν από το θανατηφόρο νέφος. Αλλά ήταν πολύ αργά: μέσα σε λίγες ώρες, η Πομπηία θάφτηκε κάτω από εκατομμύρια τόνους βράχων και τέφρας. Για αιώνες, η Πομπηία **παρέμεινε** κρυμμένη κάτω από τον τάφο της από ηφαιστειακά συντρίμμια. Αλλά το 1748, μια ομάδα εξερευνητών ανακάλυψε ξανά την από καιρό χαμένη πόλη - και αυτό που βρήκαν ήταν τόσο συναρπαστικό όσο και σπαρακτικό. **Κάτω από** τις στάχτες βρισκόταν ένα τέλεια διατηρημένο στιγμιότυπο της ρωμαϊκής ζωής... μαζί με τα πτώματα εκείνων που δεν είχαν διαφύγει εγκαίρως.

Las ruinas de Pompeya

El sol llevaba días golpeando sin piedad la ciudad de Pompeya. Los ciudadanos estaban acostumbrados al calor, pero incluso ellos **empezaban a** sentir los efectos de la **implacable** ola de calor. El agua empezaba a escasear y los ánimos se caldeaban. En la mañana del 24 de agosto, las cosas empeoraron. Un gran terremoto sacudió la ciudad, seguido de una erupción del Monte Vesubio que cubrió Pompeya de espesa ceniza vol**cánica**. Los ciudadanos entraron en pánico al tratar de escapar de la nube mortal. Pero era demasiado tarde; en pocas horas, Pompeya quedó sepultada bajo millones de toneladas de roca y ceniza. Durante siglos, Pompeya **permaneció** oculta bajo su tumba de escombros volcánicos. Pero en 1748, un grupo de exploradores redescubrió la ciudad perdida, y lo que encontraron fue tan fascinante como desgarrador. **Bajo** las cenizas yacía una instantánea perfectamente conservada de la vida romana... junto con los cuerpos de los que no habían escapado a tiempo.

Lo primero que me llamó la atención fue el silencio. Después de siglos de estar enterrada bajo la ceniza, Pompeya estaba inquietantemente silenciosa.
Lo segundo que me llamó la atención fueron los

Το πρώτο πράγμα που μου έκανε εντύπωση ήταν η σιωπή. Μετά από αιώνες που ήταν θαμμένη κάτω από τη στάχτη, η Πομπηία ήταν τρομακτικά ήσυχη. Το δεύτερο πράγμα που παρατήρησα ήταν τα πτώματα - **εκατοντάδες** από αυτά, παγωμένα στο χρόνο. Ήταν ένα **απογοητευτικό** θέαμα. Καθώς εξερευνούσαμε περισσότερο, αρχίσαμε να κατανοούμε καλύτερα τι είχε συμβεί εκείνη τη μοιραία ημέρα. Μπορούσαμε να δούμε πού οι άνθρωποι είχαν προσπαθήσει να διαφύγουν, αλλά είχαν καταπλακωθεί από τα ηφαιστειακά συντρίμμια. Σε ορισμένες περιπτώσεις, ολόκληρες οικογένειες είχαν διασωθεί - μητέρα και παιδί στριμωγμένα μαζί στις τελευταίες τους **στιγμές**. Ήταν τόσο τραγικό όσο και **συναρπαστικό** να βλέπουμε την Πομπηία όπως ήταν κάποτε - μια πολυσύχναστη πόλη γεμάτη ζωή, που τώρα έχει μετατραπεί σε μια πόλη-φάντασμα γεμάτη θάνατο.

Παρά την τραγωδία όσων συνέβησαν, η Πομπηία έχει κάτι παράξενα όμορφο. Κατά κάποιον τρόπο, είναι σαν να κοιτάζεις μια χρονοκάψουλα - μια ματιά σε έναν άλλο κόσμο που χάθηκε πριν από πολύ καιρό. Καθώς περπατούσαμε στους δρόμους και βλέπαμε τα **καθημερινά αντικείμενα** που είχαν διατηρηθεί από τη στάχτη, δεν μπορούσα παρά να νιώσω μια αίσθηση θαυμασμού. Ήταν σαν να είχα μεταφερθεί πίσω στο χρόνο. Και κατά κάποιον τρόπο, νομίζω ότι αυτό θα είναι πάντα η Πομπηία - ένα μέρος όπου ο χρόνος σταματάει. Η Πομπηία είναι ένα μέρος

cadáveres: **cientos** de ellos, congelados en el tiempo. Era una visión **aleccionadora**. A medida que íbamos explorando, empezamos a comprender mejor lo que había sucedido aquel fatídico día. Pudimos ver los lugares en los que la gente había intentado huir, pero que fueron superados por los escombros volcánicos. En algunos casos, se habían conservado familias enteras: madre e hijo acurrucados en sus últimos **momentos**. Fue trágico y **fascinante a la vez** ver Pompeya tal y como era: una ciudad bulliciosa y llena de vida, ahora reducida a una ciudad fantasma llena de muerte.

A pesar de la tragedia de lo ocurrido, Pompeya tiene algo extrañamente bello. En cierto modo, es como mirar una cápsula del tiempo: un vistazo a otro mundo que se perdió hace mucho tiempo. Mientras caminábamos por las calles y veíamos los **objetos cotidianos que** habían sido preservados por la ceniza, no pude evitar una sensación de asombro. Era como si me hubiera transportado al pasado. Y en cierto modo, creo que eso es lo que siempre será Pompeya: un lugar donde el tiempo se detiene. Pompeya es un lugar que nunca olvidaré. Es un recordatorio de la **fragilidad** de la vida y de lo rápido que puede cambiar **todo**. Pero también es un recordatorio de la resistencia del espíritu humano. Incluso ante la catástrofe, Pompeya sigue en pie: un **testimonio** de los que perdieron la vida y un símbolo de esperanza para el futuro.

Ερωτήσεις

1.Πόσο καιρό η Πομπηία ήταν θαμμένη κάτω από το σωρό της τέφρας;

2. Πώς έμοιαζε όταν οι άνθρωποι προσπαθούσαν να ξεφύγουν από την ηφαιστειακή τέφρα;

3. Υπήρχαν μέρη όπου οι άνθρωποι μπορούσαν να αναζητήσουν ασφάλεια από τη στάχτη;

4. Γιατί τα σώματα των ανθρώπων που θάφτηκαν στην Πομπηία είναι τόσο καλά διατηρημένα;

5. Τι το ιδιαίτερο έχει η Πομπηία που την κάνει να διαφέρει από άλλες πόλεις;

6. Πώς αντιδρούν συνήθως οι άνθρωποι στη ζέστη στην Πομπηία;

7. Τι έκανε την Πομπηία να ανακαλυφθεί εκ νέου;

8. Πώς ήταν η Πομπηία πριν από την έκρηξη του ηφαιστείου;

Preguntas de comprensión

1.¿Cuánto tiempo estuvo Pompeya enterrada bajo el montón de cenizas?

2. ¿Qué aspecto tenía la gente cuando intentaba huir de las cenizas volcánicas?

3. ¿Había lugares donde la gente podía ponerse a salvo de las cenizas?

4. ¿Por qué se conservan tan bien los cuerpos de las personas enterradas en Pompeya?

5. ¿Qué tiene de especial Pompeya que la diferencia de otras ciudades?

6. ¿Cómo suele reaccionar la gente al calor en Pompeya?

7. ¿Qué hizo que se redescubriera Pompeya?

8. ¿Qué aspecto tenía Pompeya antes de la erupción del volcán?

Η Αθήνα την Άνοιξη

Το πρώτο πράγμα που παρατηρείτε όταν φτάνετε στην Αθήνα είναι η ζέστη. Σε χτυπάει σαν τοίχος, ακόμη και αν έρχεσαι από κάποιο ζεστό μέρος. Το δεύτερο πράγμα είναι ο θόρυβος - φαίνεται ότι όλοι μιλούν ταυτόχρονα και πάντα παίζει κάπου **μουσική.** Αλλά μετά από λίγες μέρες, αρχίζεις να το συνηθίζεις και αρχίζεις να εκτιμάς την πόλη για τη χαοτική της **ενέργεια**. Η άνοιξη είναι μια από τις καλύτερες εποχές για να βρεθείς στην Αθήνα. Ο καιρός είναι τέλειος - ούτε πολύ ζέστη, ούτε πολύ κρύο - και τα πάντα ζωντανεύουν. Τα δέντρα ανθίζουν, τα λουλούδια έχουν βγει και όπου κι αν κοιτάξεις, υπάρχει κάτι **όμορφο** να δεις. Ακόμα και τα **κτίρια που** είναι καλυμμένα με γκράφιτι έχουν μια κάποια **γοητεία** υπό αυτό το φως. Πάντα κάτι συμβαίνει στην Αθήνα είναι πάντα ζωντανή - είτε πρόκειται για ένα φεστιβάλ δρόμου, είτε για ζωντανή μουσική, είτε απλά για ανθρώπους που κάθονται έξω και απολαμβάνουν έναν καφέ ή μια μπύρα (ή και τα δύο).

Υπάρχει ένα αίσθημα χαράς στον αέρα που κάνει ακόμα και τους ξένους να φαίνονται σαν φίλοι. Όλοι φαίνονται ευτυχισμένοι που βρίσκονται εδώ, ζώντας τη ζωή μέσα σε όλη αυτή την ιστορία και τον πολιτισμό. Αν θέλετε να **ζήσετε** πραγματικά την

Atenas en primavera

Lo primero que se nota al llegar a Atenas es el calor. Te golpea como una pared, incluso si vienes de algún lugar cálido. Lo segundo es el ruido: parece que todo el mundo habla a la vez y siempre hay **música** en algún sitio. Pero al cabo de unos días, uno empieza a acostumbrarse y a apreciar la ciudad por su **energía** caótica. La primavera es una de las mejores épocas para estar en Atenas. El tiempo es perfecto -ni demasiado calor ni demasiado frío- y todo cobra vida. Los árboles florecen, las flores salen a la calle y, mires donde mires, hay algo **bonito que** ver. Incluso los **edificios** cubiertos de grafitis tienen un cierto **encanto** bajo esta luz. En Atenas siempre hay algo en marcha, ya sea un festival callejero, música en directo o simplemente gente sentada al aire libre disfrutando de un café o una cerveza (o ambos).

Hay un sentimiento de alegría en el aire que hace que incluso los extraños parezcan amigos. Todo el mundo parece feliz de estar aquí, viviendo la vida en medio de toda esta historia y cultura. Si quiere **experimentar lo** mejor de Atenas, venga en **primavera,** no se arrepentirá. Era mi primera vez en Atenas y la ciudad me encantó al instante. El tiempo era perfecto, la comida deliciosa y siempre había algo que hacer.

Αθήνα στα καλύτερά της, ελάτε την **άνοιξη -** δεν θα το μετανιώσετε! Ήταν η πρώτη μου φορά στην Αθήνα και γοητεύτηκα αμέσως από την πόλη. Ο καιρός ήταν τέλειος, το φαγητό νόστιμο και πάντα υπήρχε κάτι να κάνει κανείς. Μου άρεσε να **περιπλανιέμαι** άσκοπα, απολαμβάνοντας όλα τα αξιοθέατα και τους ήχους αυτού του ζωντανού τόπου. Ένα απόγευμα, βρέθηκα σε μια περιοχή γεμάτη μικρά καταστήματα που πωλούσαν τα πάντα, από σουβενίρ μέχρι χειροποίητα κοσμήματα. **Σταμάτησα σε** μια μικρή καφετέρια για έναν καφέ και παρακολουθούσα τον κόσμο που περνούσε - ντόπιους και τουρίστες. Φαινόταν να υπάρχει ένα πραγματικό μείγμα πολιτισμών εδώ, και όλοι έδειχναν να τα πάνε τέλεια μαζί. Κάθισα εκεί για ώρες, **παρατηρώντας** τους ανθρώπους και απολαμβάνοντας την ατμόσφαιρα, μέχρι που άρχισε να σκοτεινιάζει. Καθώς επέστρεφα στο ξενοδοχείο μου, ένιωθα πραγματικά ευτυχισμένη - σαν να ανήκα εδώ.

Η Ελλάδα ήταν πάντα ένα από εκείνα τα μέρη που ήταν στη λίστα μου, αλλά για τον ένα ή τον άλλο λόγο, ποτέ δεν κατάφερα να την επισκεφτώ - μέχρι τώρα. Και επιτρέψτε μου να σας πω, δεν **με απογοήτευσε**! Η Αθήνα είναι μια απίστευτη πόλη με τόση **ιστορία** και πολιτισμό (για να μην αναφέρω το υπέροχο φαγητό!) Είναι αδύνατο να μην την ερωτευτείς αμέσως με την άφιξή σου. Ήθελα να επισκεφτώ την Αθήνα εδώ και χρόνια, αλλά με κάποιο τρόπο πάντα κατέληγα να πηγαίνω κάπου αλλού. Αλλά τελικά, πέρυσι, έκανα το

Me encantaba **pasear** sin rumbo fijo, disfrutando de todas las vistas y sonidos de este vibrante lugar. Una tarde, me encontré en una zona llena de pequeñas tiendas que vendían de todo, desde recuerdos hasta joyas hechas a mano. Me **detuve** en una pequeña cafetería para tomar un café y observé el bullicio de la gente, tanto de los lugareños como de los turistas. Parecía haber una verdadera mezcla de culturas, y todos parecían llevarse perfectamente bien. Me senté allí durante horas **observando a** la gente y **empapándome** del ambiente hasta que empezó a oscurecer. Mientras volvía a mi hotel, me sentía realmente feliz, como si este fuera mi lugar.

Grecia siempre ha sido uno de esos lugares que ha estado en mi lista de deseos, pero por una u otra razón, nunca llegué a visitar - hasta ahora. Y déjenme decirles que no **me decepcionó**. Atenas es una ciudad increíble con tanta **historia** y cultura (por no hablar de la buena comida) que es imposible no enamorarse de ella nada más llegar. Llevaba años queriendo visitar Atenas, pero siempre acababa yendo a otro sitio. Pero finalmente, el año pasado, hice el viaje y fue todo lo que esperaba y más. La ciudad está llena de vida: siempre hay algo que hacer, sea cual sea la hora del día o de la noche. Y la gente. Todo el mundo parece muy amable y **acogedor**, incluso si no hablas griego. Si quiere experimentar la verdadera hospitalidad mediterránea, Atenas es el lugar al que debe ir. Desde el momento **en**

Ερωτήσεις

1. Ποια είναι τα δύο πρώτα πράγματα που παρατηρείτε όταν φτάνετε στην Αθήνα;

2. Πώς σας κάνει να αισθάνεστε η πόλη;

3. Ποιο είναι το αγαπημένο σας πράγμα στην Αθήνα;

4. Τι μπορείτε να κάνετε στην Αθήνα;

5. Πώς είναι ο καιρός στην Αθήνα;

6. Ποια είναι η ιστορία της Αθήνας;

7. Ποια είναι η κουλτούρα της Αθήνας;

8. Πώς είναι το φαγητό στην Αθήνα;

9. Πώς είναι οι άνθρωποι στην Αθήνα;

10. Γιατί κάποιος πρέπει να επισκεφθεί την Αθήνα;

Preguntas de comprensión

1. ¿Cuáles son las dos primeras cosas que percibe al llegar a Atenas?

2. ¿Cómo te hace sentir la ciudad?

3. ¿Qué es lo que más le gusta de Atenas?

4. ¿Qué se puede hacer en Atenas?

5. ¿Qué tiempo hace en Atenas?

6. ¿Cuál es la historia de Atenas?

7. ¿Cuál es la cultura de Atenas?

8. ¿Cómo es la comida en Atenas?

9. ¿Cómo es la gente de Atenas?

10. ¿Por qué debería alguien visitar Atenas?

Μια μέρα στη Μύκονο

Ο ήλιος μόλις ξεπρόβαλλε από τον ορίζοντα όταν βγήκα στο μπαλκόνι της βίλας μου. Η θέα έκοβε την ανάσα, όπως πάντα στη Μύκονο. Ο αστραφτερός ωκεανός, οι **παραλίες** με τη λευκή άμμο και τα πολύχρωμα σπίτια που ήταν διάσπαρτα στο τοπίο, όλα μαζί δημιουργούσαν ένα σκηνικό που έμοιαζε σαν να ήταν βγαλμένο από καρτ ποστάλ. Πήρα μια βαθιά ανάσα και εισέπνευσα τον καθαρό αέρα της θάλασσας. Θα ήταν άλλη μια **όμορφη** μέρα στον παράδεισο. Γύρισα μέσα και ντύθηκα για το πρωινό. Είχα κάνει κράτηση σε ένα από τα πιο δημοφιλή εστιατόρια του νησιού, γι' αυτό ήθελα να δείχνω τον καλύτερό μου εαυτό. Όταν έφτασα, υπήρχε ήδη μια μεγάλη ουρά απ' έξω που περίμενε να μπει. Αλλά ευτυχώς, η **κράτησή** μου σήμαινε ότι μπορούσα να παρακάμψω όλα αυτά και να πάω κατευθείαν στο τραπέζι μου. Μόλις κάθισα, οι **σερβιτόροι** άρχισαν να φέρνουν πιατέλες με φαγητό - αυγά μαγειρεμένα με κάθε τρόπο που μπορεί να φανταστεί κανείς, μπέικον, λουκάνικα, τηγανίτες **που έσταζαν** σιρόπι και πολλά άλλα! Το στόμα μου άρχισε να τρέχει και μόνο που τα έβλεπα όλα αυτά! Και φυσικά, κανένα γεύμα στην Ελλάδα δεν θα ήταν πλήρες χωρίς φέτα και **ελιές** στο πλάι.

Un día en Mykonos

El sol apenas asomaba por el horizonte cuando salí
al balcón de mi villa. La vista era impresionante, como
siempre lo es en Mykonos. El océano brillante, las
playas de arena blanca y las coloridas casas que
salpican el paisaje se unían para crear una escena que
parecía sacada de una postal. Respiré profundamente
e inhalé el aire fresco del mar. Iba a ser otro **hermoso**
día en el paraíso. Volví a entrar y me vestí para
desayunar. Había reservado en uno de los restaurantes
más populares de la isla, así que quería estar lo mejor
posible. Cuando llegué, ya había una larga cola fuera
esperando para entrar. Pero, por suerte, mi **reserva me**
permitió evitar todo eso e ir directamente a mi mesa.
En cuanto me senté, **los camareros** empezaron a
traer bandejas de comida: huevos cocinados de todas
las formas imaginables, bacon, salchichas, tortitas con
jarabe y mucho más. Se me hizo la boca agua sólo
de verlo. Y, por supuesto, ninguna comida en Grecia
estaría completa sin un poco de queso feta y **aceitunas
al** lado.

Comí hasta quedar absolutamente lleno, y luego me
recosté en la silla con un suspiro de satisfacción. En
ese momento, me **di cuenta de que** pasaba alguien

Έφαγα μέχρι να χορτάσω, και μετά έγειρα στην καρέκλα μου με έναν ικανοποιημένο αναστεναγμό. Εκείνη τη στιγμή, **παρατήρησα** κάποιον που περνούσε και μου φαινόταν γνωστός. Μου πήρε μια στιγμή να τους εντοπίσω, αλλά μετά θυμήθηκα ότι ήταν ηθοποιοί από το Χόλιγουντ. Μου έγνεψε ευγενικά καθώς περνούσε, και έκανα το ίδιο πριν γυρίσω πίσω για να απολαύσω το υπόλοιπο γεύμα μου. Μετά το πρωινό, αποφάσισα να περιπλανηθώ **στην** πόλη και να κάνω μερικά ψώνια. Οι δρόμοι ήταν ήδη γεμάτοι από κόσμο, τόσο ντόπιους όσο και τουρίστες. Τα καταστήματα εδώ είναι τόσο μοναδικά, και πάντα υπάρχει κάτι καινούργιο να ανακαλύψεις. Πρέπει να **πέρασα** ώρες περιηγούμενη σε όλα τα διαφορετικά καταστήματα προτού τελικά επιστρέψω στη βίλα μου. Καθώς περπατούσα, δεν μπορούσα παρά να παρατηρήσω πόσοι όμορφοι άνθρωποι υπήρχαν στη Μύκονο. Φαίνεται ότι όπου κι αν γυρίσεις, υπάρχει **κάποιος** που μοιάζει σαν να βγήκε από διαφήμιση περιοδικού. Ακόμα και οι ηλικιωμένοι εδώ φαίνεται να έχουν γεράσει με χάρη, χωρίς ούτε μια **ρυτίδα**! Είχα αρχίσει να πεινάω και πάλι λίγο, οπότε αποφάσισα να σταματήσω σε ένα από τα καφέ για μια γρήγορη μπουκιά πριν πάω σπίτι για φαγητό. Καθώς περίμενα την παραγγελία μου, παρακολουθούσα τον κόσμο από τη θέση μου έξω. Υπήρχε ένα ενδιαφέρον μείγμα ανθρώπων που περνούσαν από εκεί - νεαροί χίπηδες, **πλούσιοι** κοσμικοί, οικογένειες σε διακοπές

que me resultaba familiar. Tardé un momento en situarlos, pero luego recordé que eran actores de Hollywood. Él asintió cortésmente al pasar, y yo hice lo mismo antes de volver a disfrutar del resto de mi comida. Después del desayuno, decidí pasear **por** la ciudad y hacer algunas compras. Las calles ya estaban llenas de gente, tanto locales como turistas. Las tiendas de aquí son únicas, y siempre hay algo nuevo que descubrir. Me **pasé** horas recorriendo todas las tiendas antes de volver a mi casa. Mientras caminaba, no pude evitar fijarme en la cantidad de gente guapa que había en Mykonos. Parece que a cada paso hay **alguien** que parece haber salido de un anuncio de revista. Incluso las personas mayores parecen haber envejecido con gracia sin una sola **arruga a** la vista. Empezaba a tener un poco de hambre de nuevo, así que decidí parar en una de las cafeterías para comer algo rápido antes de ir a casa a comer. Mientras esperaba mi pedido, observé a la gente desde mi asiento exterior. Había una interesante mezcla de personas que pasaban por allí: jóvenes hippies, personas **adineradas** de la alta sociedad, familias de vacaciones, etc. Realmente es un crisol de culturas en esta isla paradisíaca.

κ.λπ. Είναι πραγματικά ένα χωνευτήρι εδώ σε αυτό το παραδεισένιο νησί.

Τελικά, έφτασε το φαγητό μου και έφαγα με ευχαρίστηση. Μια νόστιμη σπανακόπιτα τυλιγμένη σε **αφράτη** ζύμη φύλλου, συνοδευόμενη από ένα δροσιστικά κρύο ποτήρι λεμονάδα. Το τέλειο μεσημεριανό σνακ! Μετά το μεσημεριανό γεύμα, αποφάσισα να πάω για **κολύμπι**. Φόρεσα το μαγιό μου, πήρα μια πετσέτα και κατέβηκα στην παραλία. Η άμμος ήταν καυτή κάτω από τα πόδια μου καθώς περπατούσα, αλλά δροσίστηκε γρήγορα μόλις **έφτασα στην** άκρη του νερού.

Ο ωκεανός εδώ είναι τόσο διαφορετικός από οποιοδήποτε άλλο μέρος έχω πάει ποτέ - τα νερά είναι **κρυστάλλινα** και υπάρχουν τόσα πολλά πολύχρωμα ψάρια **που κολυμπούν** γύρω του. Είναι σαν να βρίσκεσαι σε ενυδρείο! Κολύμπησα μέχρι το σημείο όπου χτυπούσαν τα κύματα, και μετά **επέπλεα ανάσκελα** και παρακολουθούσα τους γλάρους να πετούν από πάνω μου. Μετά από λίγο, άρχισα να νυστάζω, οπότε βγήκα από το νερό και ξάπλωσα στην **πετσέτα μου** στον ήλιο.

Por fin llegó mi comida y la probé con gusto. Un delicioso pastel de espinacas envuelto **en** masa filo, acompañado de un refrescante vaso de limonada. El tentempié perfecto para el mediodía. Después de comer, decidí ir a **nadar**. Me puse el bañador, cogí una toalla y me dirigí a la playa. La arena estaba caliente bajo mis pies mientras caminaba, pero se refrescó rápidamente una vez que **llegué a la** orilla del agua.

El océano aquí es tan diferente a cualquier otro lugar en el que haya estado: el agua es **cristalina** y hay muchos peces de colores **nadando**. Es como estar en un acuario. Nadé hasta donde rompían las olas, luego **floté** sobre mi espalda y observé cómo las gaviotas volaban por encima. Después de un rato, empecé a tener sueño, así que salí del agua y me tumbé en mi **toalla al** sol.

Ερωτήσεις

1. Πού βρίσκεται ο αφηγητής όταν βγαίνει για πρώτη φορά από τη βίλα του;

2. Ποια χρώματα είναι εμφανή στη θέα από τη βίλα του αφηγητή;

3. Τι κάνει ο αφηγητής μετά το πρωινό;

4. Τι είδους ανθρώπους βλέπει ο αφηγητής την ώρα που παρακολουθεί τον κόσμο;

5. Τι είδους φαγητό τρώει ο αφηγητής για μεσημεριανό γεύμα;

6. Πώς αισθάνεται ο αφηγητής μετά το γεύμα;

7. Τι κάνει ο αφηγητής όταν φτάνουν στην παραλία;

8. Πώς είναι ο ωκεανός όπου κολυμπάει ο αφηγητής;

9. Τι είδους πουλιά βλέπει ο αφηγητής ενώ κολυμπούν;

Preguntas de comprensión

1. ¿Dónde está el narrador cuando sale por primera vez de su villa?

2. ¿Qué colores destacan en la vista de la villa del narrador?

3. ¿Qué hace el narrador después del desayuno?

4. ¿Qué tipo de personas ve el narrador mientras observa a la gente?

5. ¿Qué tipo de comida tiene el narrador para el almuerzo?

6. ¿Cómo se siente el narrador después de comer?

7. ¿Qué hace el narrador cuando llegan a la playa?

8. ¿Cómo es el océano donde está nadando el narrador?

Ηλιοβασιλέματα της Σαντορίνης

Ο ήλιος έδυε στον ορίζοντα, βάφοντας τον ουρανό σε ένα φάσμα πορτοκαλί, ροζ και μοβ χρωμάτων. Τα κύματα **χτυπούσαν στα** βράχια, στέλνοντας έναν ψεκασμό αλμυρού νερού. Τα ηλιοβασιλέματα της Σαντορίνης ήταν από τα πιο όμορφα στον πλανήτη, και είχα την τύχη να τα παρακολουθήσω. Κατέβηκα στην παραλία, θαυμάζοντας τον τρόπο με τον οποίο το φως χόρευε πάνω στο νερό. Έμοιαζε σαν να είχαν διασκορπιστεί εκατομμύρια **διαμάντια στην** επιφάνειά του. Κάθισα στην άμμο και παρακολούθησα τον ήλιο να **χάνεται** αργά πίσω από τον ορίζοντα, αφήνοντας πίσω του ένα ίχνος από φλογερά κόκκινα και πορτοκαλί χρώματα. Καθώς άρχισε να πέφτει η νύχτα, σηκώθηκα και επέστρεψα στο δωμάτιο του ξενοδοχείου μου. Αύριο θα ήταν μια άλλη μέρα γεμάτη περιπέτεια - αλλά προς το παρόν, ήθελα να απολαύσω αυτό το **σπουδαίο** ηλιοβασίλεμα. Ξύπνησα νωρίς το επόμενο πρωί, ανυπόμονος να εξερευνήσω τα ηλιοβασιλέματα της Σαντορίνης. Είχα ακούσει τόσα πολλά γι' αυτό και επιτέλους ήμουν εδώ. Μετά το **πρωινό**, κατέβηκα ξανά στην παραλία και άρχισα να εξερευνώ τα βράχια. Η θέα από εδώ πάνω ήταν ακόμη πιο μαγευτική από ό,τι από κάτω.

Πέρασα ώρες περπατώντας, απολαμβάνοντας τα αξιοθέατα και τους ήχους αυτού του μαγικού τόπου. Καθώς η μέρα άρχισε να τελειώνει, επέστρεψα στην **παραλία για** μια τελευταία φορά. Ήθελα να παρακολουθήσω το **ηλιοβασίλεμα** άλλη μια φορά πριν αφήσω πίσω μου αυτόν τον παράδεισο. Για άλλη μια φορά, κάθισα στην

Puestas de sol en Santorini

El sol se ponía en el horizonte, pintando el cielo con una gama de naranjas, rosas y morados. Las olas **chocaban contra** los acantilados, lanzando un chorro de agua salada. Las puestas de sol de Santorini son de las más bellas del planeta, y yo tuve la suerte de presenciarlas. Bajé a la playa, admirando la forma en que la luz bailaba en el agua. Parecía un millón de **diamantes** esparcidos por su superficie. Me senté en la arena y observé cómo el sol **desaparecía** lentamente tras el horizonte, dejando tras de sí una estela de rojos y naranjas ardientes. Cuando empezó a anochecer, me levanté y me dirigí a la habitación del hotel. Mañana sería otro día lleno de aventuras, pero por ahora quería disfrutar de esta **trascendental** puesta de sol. A la mañana siguiente me levanté temprano, con ganas de explorar las puestas de sol de Santorini. Había oído hablar mucho de ella y por fin estaba aquí. Después de **desayunar**, bajé de nuevo a la playa y empecé a explorar los acantilados. La vista desde aquí arriba era aún más impresionante que desde abajo.

Me pasé horas paseando, disfrutando de las vistas y los sonidos de este lugar mágico. Cuando el día empezó a declinar, me dirigí a la **playa por** última vez. Quería ver la **puesta de sol** una vez más antes de dejar atrás este paraíso. Una vez más, me senté en la arena y observé cómo la noche caía lentamente sobre los atardeceres de Santorini. Las estrellas salieron con toda su fuerza

άμμο και παρακολούθησα τη νύχτα να πέφτει αργά πάνω από τα ηλιοβασιλέματα της Σαντορίνης. Τα αστέρια είχαν βγει σε πλήρη ισχύ απόψε, λαμπυρίζοντας έντονα στο φόντο ενός καθαρού ουρανού. Ήταν πραγματικά ένα αξιοθέατο που δεν θα ξεχάσω ποτέ. " Το επόμενο πρωί, μάζεψα τις βαλίτσες μου και έφυγα από το δωμάτιο του ξενοδοχείου μου. Ήταν καιρός να επιστρέψω στο σπίτι μου - αλλά ήξερα ότι θα επέστρεφα. Τα ηλιοβασιλέματα της Σαντορίνης είχαν κλέψει την καρδιά μου και ήξερα ότι θα **ονειρευόμουν** αυτό το μέρος για τα επόμενα χρόνια. Καθώς το αεροπλάνο απογειωνόταν, παρακολουθούσα το νησί να χάνεται αργά στο βάθος. Αλλά ακόμη και από εδώ ψηλά, μπορούσα να δω την ομορφιά των ηλιοβασιλέματος της Σαντορίνης. Ήταν ένα **μέρος** που θα είχε πάντα μια ξεχωριστή θέση στην καρδιά μου. "

Χρόνια αργότερα, επέστρεψα στο Santorini Sunsets με τη δική μου οικογένεια. Καθώς κατεβαίναμε στην παραλία, μπορούσα ακόμα να δω την ίδια ομορφιά που με είχε γοητεύσει όλα αυτά τα χρόνια πριν. Ο ήλιος έδυε στον ορίζοντα, **βάφοντας** τον ουρανό σε ένα φάσμα πορτοκαλί, ροζ και **μοβ χρωμάτων**. Καθώς παρακολουθούσαμε μαζί το ηλιοβασίλεμα, ήξερα ότι αυτό ήταν ένα μέρος που θα κρατούσε πάντα μια ξεχωριστή θέση στην καρδιά μας. " Έχουν περάσει μερικά χρόνια από τότε που επισκεφτήκαμε για πρώτη φορά το Santorini Sunsets, αλλά οι **αναμνήσεις** είναι ακόμα τόσο ζωντανές όσο ποτέ. Τα **χρώματα** του ηλιοβασιλέματος, ο ήχος των κυμάτων που σκάνε στην ακτή... είναι όλα τόσο μαγικά. Είμαι τόσο χαρούμενη που αποφασίσαμε να επιστρέψουμε και να το ζήσουμε ξανά μαζί. " Κάθε φορά που βλέπω ένα ηλιοβασίλεμα, δεν μπορώ παρά να σκέφτομαι εκείνη την ξεχωριστή μέρα στη Σαντορίνη. Ήταν μια τόσο τέλεια στιγμή, που θα τη **θυμόμαστε** πάντα.

esta noche, centelleando brillantemente contra el fondo de un cielo claro. Era un espectáculo digno de contemplar, uno que nunca olvidaría. "A la mañana siguiente, hice las maletas y dejé la habitación del hotel. Era hora de volver a casa, pero sabía que volvería. Las puestas de sol de Santorini me habían robado el corazón y sabía que **soñaría** con este lugar durante años. Mientras el avión despegaba, vi cómo la isla desaparecía lentamente en la distancia. Pero incluso desde aquí arriba, podía seguir viendo la belleza de las puestas de sol de Santorini. Era un **lugar** que siempre tendría un lugar especial en mi corazón. "

Años después, volví a Santorini Sunsets con mi propia familia. Mientras bajábamos a la playa, todavía podía ver la misma belleza que me había cautivado todos esos años. El sol se ponía en el horizonte, **pintando** el cielo con una gama de naranjas, rosas y **morados**. Mientras contemplábamos juntos la puesta de sol, supe que aquel era un lugar que siempre ocuparía un lugar especial en nuestros corazones. "Han pasado algunos años desde que visitamos por primera vez Santorini Sunsets, pero los **recuerdos** siguen siendo tan vívidos como siempre. Los **colores** de la puesta de sol, el sonido de las olas rompiendo contra la orilla... todo es tan mágico. Me alegro mucho de que hayamos decidido volver y experimentarlo de nuevo juntos. "Cada vez que veo una puesta de sol, no puedo evitar pensar en ese día tan especial en Santorini. Fue un momento tan perfecto, que siempre **recordaremos**.

Ερωτήσεις

1. Ποια χρώματα υπήρχαν στον ουρανό κατά τη διάρκεια του ηλιοβασιλέματος;

2. Με τι συγκρίνει ο συγγραφέας τα κύματα;

3. Τι λέει ο συγγραφέας για τα ηλιοβασιλέματα της Σαντορίνης;

4. Από πού παρακολούθησε ο συγγραφέας το ηλιοβασίλεμα;

5. Τι ώρα της ημέρας ο συγγραφέας παρακολούθησε το ηλιοβασίλεμα;

6. Τι έκανε ο συγγραφέας αφού παρακολούθησε το ηλιοβασίλεμα;

7. Τι έκανε ο συγγραφέας την επόμενη μέρα;

8. Τι πιστεύει ο συγγραφέας για τα ηλιοβασιλέματα της Σαντορίνης;

9. Πότε επισκέφθηκε ξανά ο συγγραφέας το Santorini Sunsets;

Preguntas de comprensión

1. ¿Qué colores había en el cielo durante la puesta de sol?

2. ¿Con qué compara el autor las olas?

3. ¿Qué dice el autor sobre las puestas de sol de Santorini?

4. ¿Desde dónde vio el autor la puesta de sol?

5. ¿A qué hora del día vio el autor la puesta de sol?

6. ¿Qué hizo el autor después de ver la puesta de sol?

7. ¿Qué hizo el autor al día siguiente?

8. ¿Qué opina el autor de las puestas de sol de Santorini?

9. ¿Cuándo volvió a visitar el autor Santorini Sunsets?

Ο Παρθενώνας τη νύχτα

Ο Παρθενώνας τη νύχτα είναι ένα αξιοθέατο. Ο αρχαίος ελληνικός ναός **φωτίζεται από το** φως της πανσελήνου και ρίχνει μια απόκοσμη λάμψη πάνω από τα ερείπια. Είναι σαν να έχει σταματήσει ο χρόνος και μπορείτε σχεδόν να φανταστείτε τα φαντάσματα των αρχαίων Ελλήνων να περπατούν ανάμεσα στους κίονες. Πλησιάζετε το ναό **προσεκτικά**, μισοπεριμένοντας ότι κάτι θα σας πεταχτεί από τις **σκιές**. Αλλά όλα είναι ήσυχα, εκτός από τον ήχο των δικών σας βημάτων που αντηχούν στο πέτρινο δάπεδο. Καθώς εισέρχεστε στην κύρια αίθουσα, εντυπωσιάζεστε από το μέγεθος και το μεγαλείο της. Δεν μπορείτε παρά να νιώσετε ένα αίσθημα ευλάβειας γι' αυτό το μέρος, παρά την τρέχουσα κατάσταση **αποσύνθεσής του**. Περιπλανιέστε για λίγο, απολαμβάνοντας όλες τις **λεπτομέρειες** αυτού του απίστευτου οικοδομήματος. Τελικά, επιστρέφετε έξω και κάθεστε σε ένα από τα σκαλοπάτια για να απολαύσετε τη θέα για λίγο **ακόμα** πριν επιστρέψετε στο σπίτι σας. "

Καθώς κάθεστε εκεί και κοιτάτε τον Παρθενώνα, δεν μπορείτε παρά να **αναρωτηθείτε** πώς πρέπει να ήταν στην ακμή του. Τι είδους γεγονότα λάμβαναν χώρα εδώ; Ποιοι ήταν οι άνθρωποι που λάτρευαν σε αυτόν τον ναό; Σηκώνεστε και περπατάτε προς την άλλη πλευρά του **κτιρίου**, όπου βλέπετε μια μικρή πόρτα **που οδηγεί** σε έναν από τους θαλάμους. Διστάζετε για μια

El Partenón de noche

El Partenón por la noche es un espectáculo para la vista. El antiguo templo griego está **iluminado por la** luz de la luna llena, que proyecta un inquietante resplandor sobre las ruinas. Es como si el tiempo se hubiera detenido y casi se puede imaginar a los fantasmas de los antiguos griegos caminando entre las columnas. Te acercas al templo **con cautela**, casi esperando que algo salte a la vista desde **las sombras**. Pero todo está en silencio, excepto el sonido de tus propios pasos que resuenan en el suelo de piedra. Cuando entras en la cámara principal, te sorprenden su tamaño y su grandeza. No puedes evitar sentir un sentimiento de reverencia por este lugar, a pesar de su actual estado de **deterioro**. Paseas durante un rato, observando todos los **detalles** de esta increíble estructura. Finalmente, vuelves a salir y te sientas en uno de los escalones para disfrutar de las vistas durante un rato **más** antes de volver a casa. "

Al contemplar el Partenón, uno no puede evitar **preguntarse** cómo debía ser en su época de esplendor. ¿Qué tipo de acontecimientos tuvieron lugar aquí? ¿Quiénes eran las personas que rendían culto en este templo? Te levantas y caminas hacia el otro lado del **edificio,** donde ves una pequeña puerta **que da** acceso a una de las cámaras. Dudas por un momento, sin saber si debes entrar. Pero la curiosidad te gana y entras en la oscuridad. Una vez que

στιγμή, χωρίς να είστε σίγουροι αν πρέπει να μπείτε μέσα. Αλλά στη συνέχεια η περιέργεια σε κυριεύει και μπαίνεις μέσα στο σκοτάδι. Μόλις τα μάτια σας προσαρμοστούν στην έλλειψη φωτός, αρχίζετε να διακρίνετε κάποια αμυδρά σημάδια στους τοίχους. Καθώς πλησιάζετε, συνειδητοποιείτε ότι βλέπετε αρχαία ελληνικά **γραπτά**! Δεν μπορείτε να πιστέψετε ότι **στέκεστε** μπροστά σε ένα πραγματικό ιστορικό τεχνούργημα. Περνάτε τις επόμενες ώρες εξερευνώντας τους υπόλοιπους θαλάμους, θαυμάζοντας όλες τις αρχαίες γραφές και τα γλυπτά. Είναι σαν να έχετε **μεταφερθεί** πίσω στο χρόνο!

Καθώς ο ήλιος αρχίζει να ανατέλλει, ξέρετε ότι ήρθε η ώρα να φύγετε. Αλλά δεν μπορείς να μην αισθανθείς μια μικρή θλίψη καθώς φεύγεις από αυτό το μέρος. **Υπόσχεσαι** στον εαυτό σου ότι θα επιστρέψεις και θα εξερευνήσεις περισσότερο κάποια άλλη μέρα. Καθώς απομακρύνεστε από τον **Παρθενώνα,** δεν μπορείτε παρά να νιώσετε μια αίσθηση θαυμασμού για όλα όσα είδατε. Είναι σαν αυτό το μέρος να έχει **παγώσει** στο χρόνο και νιώθετε τυχεροί που το ζήσατε από πρώτο χέρι. Δεν θα ξεχάσετε ποτέ την αίσθηση του να στέκεστε μέσα σε αυτούς τους αρχαίους θαλάμους, περιτριγυρισμένοι από την ιστορία. Ο Παρθενώνας είναι πραγματικά ένα **μαγικό** μέρος και ανυπομονείτε να επιστρέψετε και να τον εξερευνήσετε περισσότερο. " Ο Παρθενώνας είναι ένα μέρος που θα σας μείνει για πάντα. Είναι μια υπενθύμιση της απίστευτης ιστορίας αυτού του κόσμου και της ανθρώπινης ικανότητας για **μεγαλείο**. Κάθε φορά που τον κοιτάζετε, θα σας γεμίζει με μια αίσθηση θαυμασμού και δέους.

tus ojos se adaptan a la falta de luz, empiezas a distinguir unas débiles marcas en las paredes. Al acercarte, te das cuenta de que estás ante unos antiguos **escritos** griegos. No puedes creer que **estés frente** a un artefacto histórico real. Pasas las siguientes horas explorando el resto de las cámaras, maravillado por todos los escritos y tallas antiguas. Es como si hubieras retrocedido en el tiempo.

Cuando empieza a salir el sol, sabes que es hora de irse. Pero no puedes evitar sentirte un poco triste al dejar este lugar. Te **prometes a** ti mismo que volverás a explorar otro día. Mientras te alejas del **Partenón, no puedes evitar una sensación de** asombro por todo lo que has visto. Es como si este lugar se hubiera **congelado** en el tiempo, y te sientes afortunado de haberlo vivido en primera persona. Nunca olvidará la sensación de estar dentro de esas antiguas cámaras, rodeado de historia. El Partenón es un lugar realmente **mágico,** y uno no puede esperar a volver para explorarlo un poco más. "El Partenón es un lugar que se quedará contigo para siempre. Es un recordatorio de la increíble historia de este mundo y de la capacidad humana para la **grandeza.** Cada vez que lo mire, se llenará de una sensación de asombro y admiración.

Ερωτήσεις

1. Πώς είναι ο Παρθενώνας τη νύχτα;

2. Από τι είναι φτιαγμένος ο Παρθενώνας;

3. Πόσο παλιός είναι ο Παρθενώνας;

4. Για ποιο σκοπό χρησιμοποιούνταν ο Παρθενώνας στην αρχαιότητα;

5. Ποιος έχτισε τον Παρθενώνα;

6. Πόσες στήλες υπάρχουν στον Παρθενώνα;

7. Ποια είναι η σημασία του Παρθενώνα;

8. Τι αντιπροσωπεύει ο Παρθενώνας για τους Έλληνες;

9. Πώς διατηρήθηκε ο Παρθενώνας με την πάροδο των χρόνων;

10. Ποιο είναι το μέλλον του Παρθενώνα;

Preguntas de comprensión

1. ¿Qué aspecto tiene el Partenón por la noche?

2. ¿De qué está hecho el Partenón?

3. ¿Cuántos años tiene el Partenón?

4. ¿Para qué se utilizaba el Partenón en la antigüedad?

5. ¿Quién construyó el Partenón?

6. ¿Cuántas columnas hay en el Partenón?

7. ¿Cuál es el significado del Partenón?

8. ¿Qué representa el Partenón para el pueblo griego?

9. ¿Cómo se ha conservado el Partenón a lo largo de los años?

10. ¿Cuál es el futuro del Partenón?

Δρόμοι της Ρόδου

Οι δρόμοι της Ρόδου είναι πάντα πολυσύχναστοι. Δεν υπάρχει στιγμή που να μην συμβαίνει κάτι. **Είτε** πρόκειται για ανθρώπους που περπατούν, είτε για αυτοκίνητα που κορνάρουν, είτε για τον **ήχο** της μουσικής που ακούγεται από ένα από τα πολλά καφέ, οι δρόμοι είναι πάντα ζωντανοί από δραστηριότητα. **Θυμάμαι** μια φορά που περπατούσα στο δρόμο και είδα μια γυναίκα που έμοιαζε σαν να ήταν έτοιμη να λιποθυμήσει. Έτρεξα προς το μέρος της και τη βοήθησα σε ένα παγκάκι όπου μπορούσε να καθίσει. Τη ρώτησα αν ήταν καλά και μου είπε ότι **ήθελε** μόνο λίγο νερό. Ποτέ δεν ξέρεις τι θα δεις ή ποιον θα συναντήσεις. Αυτό είναι ένα μέρος αυτού που το κάνει τόσο **συναρπαστικό**! Καθώς περπατούσα στο δρόμο, δεν μπορούσα παρά να παρατηρήσω όλους τους ανθρώπους. Υπήρχαν τόσοι πολλοί **διαφορετικοί τύποι ανθρώπων**, από όλα τα κοινωνικά στρώματα. Ήταν εκπληκτικό να βλέπεις μια τόσο διαφορετική ομάδα ανθρώπων σε ένα μέρος.

Ξαφνικά, άκουσα κάποιον **να φωνάζει** το όνομά μου. **Γύρισα** και είδα τον φίλο μου να με χαιρετάει από την απέναντι πλευρά του δρόμου. Είχαμε κανονίσει να συναντηθούμε και να φάμε μαζί. Καθώς διέσχιζα τον πολυσύχναστο δρόμο, δεν μπορούσα παρά να αναρωτηθώ τι άλλες **περιπέτειες** θα μου επιφύλασσε η μέρα. **Αποφασίσαμε** να σταματήσουμε σε μια καφετέρια για μεσημεριανό γεύμα, και καθώς περιμέναμε το φαγητό μας, είδαμε μια γυναίκα που έμοιαζε σαν να ήταν έτοιμη να λιποθυμήσει. Τρέξαμε προς το μέρος της και τη βοηθήσαμε σε ένα παγκάκι όπου μπορούσε να καθίσει. Τη ρωτήσαμε αν ήταν καλά και μας είπε ότι **ήθελε** μόνο λίγο νερό. Πήγαμε να της φέρουμε λίγο νερό από μια

Calles de Rodas

Las calles de Rodas están siempre ocupadas. No hay un momento en el que no ocurra algo. **Ya sea la** gente que pasa, los coches que tocan el claxon o el **sonido** de la música que sale de uno de los muchos cafés, las calles siempre están llenas de actividad. **Recuerdo** que una vez iba caminando por la calle y vi a una mujer que parecía estar a punto de desmayarse. Me apresuré a acercarme a ella y la ayudé a sentarse en un banco. Le pregunté si estaba bien y me dijo que sólo **necesitaba** agua. Nunca sabes lo que vas a ver o a quién vas a conocer. Eso es parte de lo que lo hace tan **emocionante**. Mientras caminaba por la calle, no pude evitar fijarme en toda la gente. Había tantos tipos de personas, de todas las clases sociales. Fue increíble ver a un grupo tan diverso de personas en un solo lugar.

De repente, oí que alguien **gritaba** mi nombre. Me **giré** y vi a mi amigo saludándome desde el otro lado de la calle. Habíamos quedado para comer juntos. Mientras cruzaba la ajetreada calle, no pude evitar preguntarme qué otras **aventuras me depararía** el día. **Decidimos** parar en una cafetería para comer y, mientras esperábamos la comida, vimos a una mujer que parecía estar a punto de desmayarse. Nos apresuramos a acercarnos a ella y la ayudamos a sentarse en un banco. Le preguntamos si estaba bien y nos dijo que sólo **necesitaba** agua. Fuimos a buscar agua a una

κοντινή καφετέρια, και όταν επιστρέψαμε, είχε φύγει. Μόνο αργότερα συνειδητοποιήσαμε ότι την είχαν κλέψει από πορτοφόλι όσο εμείς λείπαμε. Μετά το γεύμα, αποφασίσαμε να περπατήσουμε για λίγο στο κέντρο της πόλης. Καθώς **περπατούσαμε**, ο φίλος μου μας έδειξε όλα τα διαφορετικά είδη καταστημάτων που υπήρχαν. Υπήρχαν τόσα πολλά διαφορετικά είδη καταστημάτων! Από καταστήματα με ρούχα μέχρι καταστήματα με **σουβενίρ, υπήρχε** κάτι για **όλους στο** κέντρο της πόλης. Τελικά, επιστρέψαμε προς τους δρόμους όπου γινόταν όλη η δραστηριότητα. Όπως πάντα, δεν υπήρχε στιγμή που να μην συμβαίνει κάτι!

Καθώς περπατούσαμε στο δρόμο, ο φίλος μου και εγώ δεν μπορούσαμε να μην παρατηρήσουμε όλους τους **ζητιάνους**. Ήταν λυπηρό να βλέπουμε πόσοι άνθρωποι **αγωνίζονταν** για να τα βγάλουν πέρα. Αποφασίσαμε να σταματήσουμε και να μιλήσουμε σε έναν από αυτούς. Μας είπε ότι το όνομά του ήταν Αχμέντ και ότι ζητιανεύει χρήματα στους δρόμους εδώ και χρόνια. Είπε ότι ήταν δύσκολο να βγάλει αρκετά χρήματα για να **συντηρήσει** τον εαυτό του, αλλά ότι δεν είχε άλλη επιλογή. Ο φίλος μου και εγώ συγκινηθήκαμε από την ιστορία του και αποφασίσαμε να του δώσουμε μερικά χρήματα. Καθώς φεύγαμε, η φίλη μου είπε ότι θα ήθελε να μπορούσε να κάνει περισσότερα για να βοηθήσει ανθρώπους σαν τον Αχμέντ. Τότε ήταν που μου ήρθε μια ιδέα. Της μίλησα για ένα έργο που δούλευα εδώ και λίγο καιρό. Ονομάζεται "The Street Project" και είναι ένας τρόπος για τους ανθρώπους που θέλουν να βοηθήσουν όσους έχουν ανάγκη αλλά δεν ξέρουν πώς ή από πού να ξεκινήσουν. Το πρότζεκτ είναι απλό: κάθε μέρα, βγαίνουμε στο **κέντρο της πόλης** και μοιράζουμε τρόφιμα ή ρούχα (ό,τι **χρειάζεται**) σε όποιον το θέλει ή το χρειάζεται.

cafetería cercana y, cuando volvimos, ya no estaba. Más tarde nos dimos cuenta de que la habían robado mientras estábamos fuera. Después de comer, decidimos pasear un rato por el centro de la ciudad. Mientras **caminábamos**, mi amigo nos señaló todos los tipos de tiendas que había. Había tantos tipos de tiendas. Desde tiendas de ropa hasta tiendas de **recuerdos**, había algo para **todos** en el centro de la ciudad. Finalmente, nos dirigimos hacia las calles donde se desarrollaba toda la actividad. Como siempre, no había un momento en el que no hubiera algo que hacer.

Mientras caminábamos por la calle, mi amigo y yo no pudimos evitar fijarnos en todos los **mendigos**. Era triste ver cómo muchas personas **luchaban por salir** adelante. Decidimos parar y hablar con uno de ellos. Nos dijo que se llamaba Ahmed y que llevaba años pidiendo dinero en la calle. Dijo que era difícil ganar suficiente dinero para **mantenerse**, pero que no tenía otra opción. Mi amigo y yo nos sentimos conmovidos por su historia y decidimos darle algo de dinero. Mientras nos alejábamos, mi amiga dijo que le gustaría poder hacer algo más para ayudar a personas como Ahmed. Fue entonces cuando se me ocurrió una idea. Le hablé de un proyecto en el que llevaba un tiempo trabajando. Se llama "The Street Project" y es una forma de ayudar a los necesitados que no saben cómo ni por dónde empezar. El proyecto es sencillo: todos los días salimos al **centro de** la ciudad y repartimos comida o ropa (lo que **haga falta**) a quien lo quiera o lo necesite.

Ερωτήσεις

1. Τι λέει ο συγγραφέας ότι συμβαίνει πάντα στους δρόμους της Ρόδου;

2. Τι έκανε ο συγγραφέας όταν είδε μια γυναίκα που έμοιαζε να είναι έτοιμη να λιποθυμήσει;

3. Ποια ήταν η γνώμη του συγγραφέα για την ποικιλόμορφη ομάδα ανθρώπων που είδαν στην πόλη;

4. Τι συνέβη όταν ο συγγραφέας και ο φίλος τους πήγαν να φέρουν νερό για τη γυναίκα
ποιος ήταν έτοιμος να λιποθυμήσει;

5. Τι έκαναν ο συγγραφέας και ο φίλος τους μετά το γεύμα;

6. Ποια ήταν η αντίδραση του συγγραφέα στους ζητιάνους που είδαν στο δρόμο;

7. Τι είπε η φίλη του συγγραφέα ότι θα ήθελε να μπορούσε να κάνει για ανθρώπους σαν τον Αχμέντ;

Preguntas de comprensión

1. ¿Qué dice el autor que ocurre siempre en las calles de Rodas?

2. ¿Qué hizo el autor cuando vio a una mujer que parecía estar a punto de desmayarse?

3. ¿Qué pensó el autor de la diversidad de personas que vieron en la ciudad?

4. ¿Qué sucedió cuando el autor y su amigo fueron a buscar agua para la mujer
que estaba a punto de desmayarse?

5. ¿Qué hicieron el autor y su amigo después de comer?

6. ¿Cuál fue la reacción del autor ante los mendigos que vieron en la calle?

7. ¿Qué dijo la amiga del autor que desearía poder hacer por personas como Ahmed?

Ένα γεύμα στην Κρήτη

Ο ήλιος μόλις είχε αρχίσει να ξεπροβάλλει από τον ορίζοντα, αλλά **ήδη** η ζέστη ήταν έντονη. Ένιωθα τον ιδρώτα να τρέχει στην πλάτη μου καθώς περνούσα μέσα από τα στενά δρομάκια του Ηρακλείου, **κατευθυνόμενος** προς ένα από τα αγαπημένα μου μέρη σε όλη την **Κρήτη** - το The Kitchen.Αυτό το μικρό εστιατόριο ήταν πάντα γεμάτο, όποια ώρα της ημέρας ή της νύχτας κι αν ήταν. Αλλά αυτό δεν με απέτρεψε από το να προσπαθώ να πιάσω τραπέζι με κάθε ευκαιρία. Το φαγητό εδώ δεν έμοιαζε με οτιδήποτε άλλο είχα δοκιμάσει ποτέ πριν - φρέσκο, γευστικό και απολύτως νόστιμο. έφτασα στο The Kitchen μόλις άνοιξε για δουλειά και γρήγορα εξασφάλισα μια θέση στην ουρά. Μέσα σε **λίγα λεπτά**, κάθισα σε ένα μικρό τραπέζι κοντά στο **παράθυρο** και περίμενα με ανυπομονησία το γεύμα μου.

Η **σερβιτόρα** έφτασε λίγο μετά από μένα, κουβαλώντας έναν μεγάλο δίσκο με φαγητό. **Τοποθέτησε** μπροστά μου ένα γεμάτο πιάτο με μουσακά, μαζί με ελληνική σαλάτα και πίτα. Ανυπομονούσα να φάω. Και το έκανα. Ο μουσακάς ήταν τόσο καλός όσο πάντα - το τέλειο μείγμα μπαχαρικών και γεύσεων. Οι πατάτες ήταν τέλεια ψημένες και ο κιμάς ήταν ζουμερός και γευστικός. Αλλά ήταν η **μελιτζάνα** που πραγματικά ξεχώρισα αυτή τη φορά - ήταν τόσο τρυφερή και **κρεμώδης**, που σχεδόν έλιωνε στο στόμα μου. Καθώς τελείωνα το γεύμα μου, δεν μπορούσα να μην παρατηρήσω την **αναστάτωση που επικρατούσε** έξω. Μια μεγάλη ομάδα ανθρώπων είχε

Una comida en Creta

El sol acababa de asomar por el horizonte, pero el calor **ya**
era intenso. Podía sentir el sudor bajando por mi espalda
mientras me abría paso por las estrechas calles de Heraklion,
dirigiéndome a uno de mis lugares favoritos de toda **Creta**:
The Kitchen.Este pequeño restaurante estaba siempre lleno,
sin importar la hora del día o de la noche. Pero eso no me
disuadió de intentar conseguir una mesa cada vez que podía.
La comida no se parece a nada que haya probado antes:
fresca, sabrosa y absolutamente deliciosa. En cuestión **de**
minutos, estaba sentada en una pequeña mesa cerca de la
ventana y esperando ansiosamente mi comida.

La **camarera** llegó poco después que yo, con una gran
bandeja de comida. **Puso delante** de mí un plato lleno de
Moussaka, junto con una guarnición de ensalada griega
y un poco de pan de pita. No podía esperar a comer. Y
lo hice. La Moussaka estaba tan buena como siempre: la
mezcla perfecta de especias y sabores. Las patatas estaban
perfectamente cocinadas y la carne picada era jugosa
y sabrosa. Pero fue la **berenjena** la que realmente me
llamó la atención esta vez: era tan tierna y **cremosa que**
prácticamente se deshacía en mi boca. Mientras terminaba
mi comida, no pude evitar fijarme en el **alboroto que había**

συγκεντρωθεί στο δρόμο και φώναζε κάτι στα ελληνικά. Δεν μπορούσα να καταλάβω τι έλεγαν, αλλά ακουγόταν σαν να ήταν θυμωμένοι για κάτι.

Η σερβιτόρα ήρθε στο τραπέζι μου και μου **εξήγησε ότι γινόταν** μια διαμαρτυρία - κάποιοι από τους ντόπιους ήταν αναστατωμένοι με την εισροή τουριστών τα τελευταία χρόνια. Πίστευαν ότι πάρα πολλοί άνθρωποι έρχονταν στην Κρήτη και κατέστρεφαν τον παραδοσιακό τρόπο ζωής της. Μπορούσα να καταλάβω την άποψή τους, αλλά την ίδια στιγμή, μου άρεσε να **εξερευνώ** νέα μέρη και να γνωρίζω νέους ανθρώπους. Αυτός ήταν ένας από τους λόγους για τους οποίους είχα έρθει στην Κρήτη εξ αρχής - για να **γνωρίσω** έναν διαφορετικό πολιτισμό και τρόπο ζωής. Αλλά φαινόταν ότι αυτοί οι διαδηλωτές δεν ήθελαν να έχει κανείς άλλος αυτή την ευκαιρία. Αφού πλήρωσα το λογαριασμό μου και αποχαιρέτησα τη σερβιτόρα, αποφάσισα να πάω να ελέγξω τη διαμαρτυρία. Ήθελα να δω τι ήταν όλη αυτή η φασαρία. Καθώς πλησίαζα, άκουγα ανθρώπους να φωνάζουν και να κρατούν πλακάτ που έγραφαν "Κρατήστε την Κρήτη **παραδοσιακή**" και "Όχι άλλοι τουρίστες". Ήταν ξεκάθαρο ότι δεν ήταν ευχαριστημένοι με τον τρόπο που εξελίσσονταν τα πράγματα. Προσπάθησα να μιλήσω σε μερικούς από τους **διαδηλωτές, αλλά** δεν ενδιαφέρονταν να τους ακούσουν. Απλώς συνέχισαν να φωνάζουν τα συνθήματά τους και να κουνάνε τις πινακίδες τους. Τελικά, τα παράτησα και απομακρύνθηκα. Ήταν ξεκάθαρο ότι δεν υπήρχε καμία λογική μαζί τους - ήταν παγιωμένοι στους τρόπους τους και δεν επρόκειτο να **αλλάξουν** σύντομα. Καθώς επέστρεφα στο ξενοδοχείο μου, δεν μπορούσα παρά να νιώθω λίγο λυπημένος για ό,τι είχε συμβεί στο στην κουζίνα.

fuera. Un gran grupo de personas se había reunido en la calle y gritaba algo en griego. No pude entender lo que decían, pero parecía que estaban enfadados por algo.

La camarera se acercó a mi mesa y **me explicó** que había una protesta: algunos lugareños estaban molestos por la afluencia de turistas en los últimos años. Pensaban que demasiada gente estaba llegando a Creta y arruinando su modo de vida tradicional. Puedo entender su punto de vista, pero al mismo tiempo, me encantaba **explorar** nuevos lugares y conocer gente nueva. Esa era una de las razones por las que había venido a Creta: **experimentar una** cultura y una forma de vida diferentes. Pero parecía que estos manifestantes no querían que nadie más tuviera esa oportunidad. Después de pagar la cuenta y despedirme de la camarera, decidí ir a ver la protesta. Quería ver a qué venía tanto alboroto. A medida que me acercaba, oía a la gente corear y llevar pancartas en las que se leía "Mantengamos la **tradición de** Creta" y "No más turistas". Estaba claro que no estaban contentos con la situación. Intenté hablar con algunos de los **manifestantes,** pero no estaban interesados en escuchar. Se limitaron a gritar sus consignas y a agitar sus carteles. Al final, me rendí y me marché. Estaba claro que no se podía razonar con ellos: estaban muy arraigados a sus costumbres y no iban a **cambiar** pronto. Mientras volvía a mi hotel, no pude evitar sentirme un poco triste por lo que había pasado en la cocina.

Ερωτήσεις

1. Ποιο είναι το όνομα του εστιατορίου;

2. Τι ώρα της ημέρας ήταν όταν ο πρωταγωνιστής έφτασε στο εστιατόριο;

3. Ποιο ήταν το αγαπημένο πιάτο του πρωταγωνιστή;

4. Ποιο συνοδευτικό πιάτο συνοδεύει τον μουσακά;

5. Ποια ήταν η γνώμη του πρωταγωνιστή για τη μελιτζάνα στον μουσακά;

6. Ποια ήταν η φασαρία που παρατήρησε ο πρωταγωνιστής έξω από το εστιατόριο;

7. Τι διαμαρτύρονταν οι ντόπιοι;

8. Γιατί ο πρωταγωνιστής ήθελε να μιλήσει στους διαδηλωτές;

9. Ποια ήταν η γνώμη του πρωταγωνιστή για τους διαδηλωτές;

Preguntas de comprensión

1. ¿Cuál es el nombre del restaurante?

2. ¿Qué hora era cuando el protagonista llegó al restaurante?

3. ¿Cuál era el plato favorito del protagonista?

4. ¿Qué guarnición acompaña a la Moussaka?

5. ¿Qué opina el protagonista de la berenjena de la musaka?

6. ¿Cuál fue el revuelo que notó el protagonista fuera del restaurante?

7. ¿Por qué protestaban los vecinos?

8. ¿Por qué el protagonista quería hablar con los manifestantes?

9. ¿Qué opinión tiene el protagonista sobre los

Απόγευμα στην Ολυμπία

Ο ήλιος έβγαινε και ο ουρανός ήταν γαλάζιος καθώς **περπατούσα** στο δρόμο της Ολυμπίας. Ο αέρας ήταν ζεστός και ένα ελαφρύ αεράκι έπνεε στην πόλη. Μπορούσα να μυρίσω τη φρεσκάδα της **άνοιξης** στον αέρα. Ένιωθα ευτυχισμένη και ικανοποιημένη καθώς περπατούσα, απολαμβάνοντας όλα τα αξιοθέατα και τους ήχους αυτής της όμορφης πόλης. **Σταμάτησα σε** μια καφετέρια για μεσημεριανό γεύμα και κάθισα έξω για να απολαύσω το γεύμα μου. Καθώς έτρωγα, παρακολουθούσα τον κόσμο και απολάμβανα όλη τη φασαρία της ζωής της πόλης γύρω μου. Μετά το μεσημεριανό γεύμα, περιπλανήθηκα λίγο ακόμα, κάνοντας ψώνια στις βιτρίνες και απολαμβάνοντας την παρουσία μου σε εξωτερικούς χώρους σε μια τόσο όμορφη μέρα. **Τελικά**, άρχισε να γίνεται αργά το απόγευμα και ο ήλιος άρχισε να βυθίζεται χαμηλότερα στον ουρανό. Αποφάσισα να επιστρέψω στο σπίτι, αλλά όχι πριν **σταματήσω σε** ένα παγωτατζίδικο για μια μικρή λιχουδιά! Την επόμενη μέρα, ξύπνησα νωρίς και αποφάσισα να εξερευνήσω λίγο ακόμα την Ολυμπία. Περπάτησα μέχρι την προκυμαία και απόλαυσα τη θέα των βουνών στο βάθος. Στη συνέχεια **περιπλανήθηκα** σε μερικές από τις γειτονιές, θαυμάζοντας όλα τα όμορφα παλιά σπίτια.

Τελικά, επέστρεψα στο κέντρο της πόλης και έκανα μερικά ακόμα **ψώνια**. Αγόρασα μερικά **σουβενίρ** για τους φίλους μου στην πατρίδα πριν φάω κάτι σε ένα χαριτωμένο μικρό καφέ. Μετά το γεύμα, περπάτησά για λίγο ακόμα, απολαμβάνοντας τα πάντα, προτού επιστρέψω στο σπίτι μου. Πέρασα υπέροχα εξερευνώντας την Ολυμπία και

Tarde en Olimpia

Salió el sol y el cielo estaba azul mientras **caminaba por** la calle en Olimpia. El aire era cálido y corría una ligera brisa por la ciudad. Podía oler la frescura de la **primavera** en el aire. Me sentí feliz y contenta mientras paseaba, disfrutando de todas las vistas y sonidos de esta hermosa ciudad. Me **detuve** en una cafetería para almorzar y me senté fuera para disfrutar de mi comida. Mientras comía, observaba a la gente y disfrutaba del ajetreo de la vida de la ciudad a mi alrededor. Después de comer, seguí paseando, mirando escaparates y disfrutando de un día tan bonito al aire libre. **Finalmente, empezó a** caer la tarde y el sol empezó a bajar en el cielo. Decidí volver a casa, pero no sin antes **parar** en una heladería para darme un pequeño capricho. Al día siguiente, me levanté temprano y decidí explorar Olympia un poco más. Caminé hasta el paseo marítimo y disfruté de la vista de las montañas en la distancia. Luego **paseé** por algunos de los barrios, admirando todas las hermosas casas antiguas.

Finalmente, volví al centro y fui de **compras**. Compré algunos **recuerdos** para mis amigos antes de ir a comer a una pequeña cafetería. Después de comer, caminé un rato más para ver todo lo que había antes de volver a casa. Me lo pasé muy bien explorando Olimpia

ανυπομονώ να ξαναπάω σύντομα! Είμαι τόσο χαρούμενη που αποφάσισα να περάσω μερικές μέρες στην Ολυμπία! Είναι μια τόσο **όμορφη** και γοητευτική πόλη. Μου άρεσε πολύ να εξερευνώ όλες τις διαφορετικές **γειτονιές** και τα καταστήματα. Και το φαγητό ήταν **καταπληκτικό**! Νομίζω ότι το αγαπημένο μου μέρος στην Ολυμπία, όμως, είναι να κάθομαι στην προκυμαία και να βλέπω τις βάρκες να περνούν. Υπάρχει κάτι τόσο ειρηνικό σε αυτό. Σίγουρα θα μπορούσα να φανταστώ τον εαυτό μου να περνάει περισσότερο χρόνο εδώ στο μέλλον.

Ξύπνησα από τον ήχο των πουλιών **που κελαηδούσαν** έξω από το παράθυρό μου. Ο ήλιος μόλις ξεπρόβαλλε από τον ορίζοντα, ρίχνοντας μια ροζ και πορτοκαλί λάμψη στον ουρανό. Χασμουρήθηκα και τεντώθηκα πριν σηκωθώ από το κρεβάτι. Είχα άλλη μια γεμάτη μέρα εξερεύνησης της Ολυμπίας μπροστά μου! Μετά το **πρωινό**, ξεκίνησα και πάλι με τα πόδια, περιπλανώμενη Ο ήλιος είχε βγει και ο ουρανός ήταν γαλάζιος καθώς περπατούσα στο δρόμο της Ολυμπίας. Ο αέρας ήταν ζεστός και ένα ελαφρύ αεράκι έπνεε μέσα στην πόλη. Μπορούσα να μυρίσω τη φρεσκάδα της **άνοιξης** στον αέρα. Ένιωθα ευτυχισμένη και ικανοποιημένη καθώς περπατούσα, απολαμβάνοντας όλα τα αξιοθέατα και τους ήχους αυτής της όμορφης πόλης. Σταμάτησα σε μια καφετέρια για μεσημεριανό γεύμα και κάθισα έξω για να απολαύσω το γεύμα μου. Καθώς έτρωγα, παρακολουθούσα τον κόσμο και απολάμβανα όλη τη φασαρία της ζωής της πόλης γύρω μου. Μετά **το μεσημεριανό γεύμα**, περιπλανήθηκα λίγο ακόμα, ψώνιζα από τις βιτρίνες και απολάμβανα την παρουσία μου σε εξωτερικούς χώρους σε μια τόσο όμορφη μέρα. Τελικά, άρχισε να γίνεται αργά το απόγευμα και ο ήλιος άρχισε να βυθίζεται χαμηλότερα στον ουρανό.

y estoy deseando volver pronto. Estoy muy contenta de haber decidido pasar unos días en Olimpia. Es una ciudad tan **bonita** y encantadora. Me ha encantado explorar todos los diferentes **barrios** y tiendas. ¡Y la comida ha sido **increíble**! Sin embargo, creo que lo que más me gusta de Olympia es sentarme en el paseo marítimo y ver pasar los barcos. Hay algo muy tranquilo en ello. Me imagino pasando más tiempo aquí en el futuro.

Me desperté con el sonido de los pájaros **que cantaban** fuera de mi ventana. El sol apenas asomaba por el horizonte, proyectando un resplandor rosa y naranja en el cielo. Bostezo y me estiro antes de salir de la cama. Me esperaba otro día completo de exploración de Olimpia. Después de **desayunar, salí de** nuevo a pie, paseando El sol había salido y el cielo estaba azul mientras caminaba por la calle de Olimpia. El aire era cálido y corría una ligera brisa por la ciudad. Podía oler la frescura de la **primavera** en el aire. Me sentí feliz y contenta mientras paseaba, disfrutando de todas las vistas y sonidos de esta hermosa ciudad. Me detuve en una cafetería para almorzar y me senté fuera para disfrutar de mi comida. Mientras comía, observaba a la gente y disfrutaba del ajetreo de la vida de la ciudad a mi alrededor. Después de **comer**, seguí paseando, mirando escaparates y disfrutando de un día tan bonito al aire libre. Finalmente, empezó a caer la tarde y el sol empezó a bajar en el cielo.

Ερωτήσεις

1. Τι εποχή του χρόνου αναφέρεται στο κείμενο;

2. Πώς ήταν ο καιρός;

3. Τι έκανε ο πρωταγωνιστής μετά το γεύμα;

4. Ποια ήταν η γνώμη του πρωταγωνιστή για την πόλη;

5. Ποιο ήταν το αγαπημένο μέρος της πόλης για τον πρωταγωνιστή;

6. Τι έκανε ο πρωταγωνιστής την επόμενη μέρα;

7. Τι έφαγε ο πρωταγωνιστής για πρωινό;

8. Ποιο ήταν το σχέδιο του πρωταγωνιστή για την ημέρα;

9. Τι σκέφτηκε ο πρωταγωνιστής για την πόλη τη δεύτερη μέρα;

10. Τι θέλει να κάνει ο πρωταγωνιστής στο μέλλον;

Preguntas de comprensión

1. ¿En qué época del año se encuentra el texto?

2. ¿Qué tiempo hacía?

3. ¿Qué hizo el protagonista después de comer?

4. ¿Qué pensaba el protagonista de la ciudad?

5. ¿Cuál era la parte favorita del protagonista en la ciudad?

6. ¿Qué hizo el protagonista al día siguiente?

7. ¿Qué ha desayunado el protagonista?

8. ¿Cuál era el plan del protagonista para ese día?

9. ¿Qué pensaba el protagonista de la ciudad el segundo día?

Η Ακρόπολη

Ο ήλιος **έπεφτε** πάνω στα αρχαία ερείπια της Ακρόπολης, κάνοντας τους πέτρινους τοίχους να είναι καυτοί στην αφή. Ο αέρας ήταν ακίνητος και σκονισμένος, και δεν υπήρχε ψυχή στον ορίζοντα. Ένιωσα σαν να είχα γυρίσει πίσω στο χρόνο καθώς περιπλανιόμουν στους άδειους **δρόμους**, φανταζόμενος πώς πρέπει να ήταν όταν αυτό το μέρος ήταν γεμάτο ζωή. Σταμάτησα σε έναν από τους ναούς και ανέβηκα στην κορυφή των σκαλοπατιών του. Από εδώ, μπορούσα να δω για μίλια προς κάθε **κατεύθυνση**. Η θέα **έκοβε την ανάσα**, αλλά ήταν και παράξενα γαλήνια. Ένιωθα ωραία να περιβάλλομαι από ιστορία και να ξέρω ότι στεκόμουν σε ένα μέρος που είχε δει τόσα πολλά στο πέρασμα των αιώνων. Καθώς καθόμουν εκεί και τα απολάμβανα όλα αυτά, άκουσα έναν θόρυβο από κάτω μου. Ακουγόταν σαν κάποιος να έκλαιγε. Από περιέργεια, κατέβηκα από τη **θέση μου** και ακολούθησα τον ήχο μέχρι που έφτασα σε μια μικρή **εσοχή** όπου μια γυναίκα καθόταν στο έδαφος με το κεφάλι της στα χέρια. Κεφάλαιο 2

Η **γυναίκα** κοίταξε όταν πλησίασα και είδα ότι έκλαιγε. Τα μάτια της ήταν κόκκινα και πρησμένα και τα μάγουλά της ήταν βρεγμένα από τα δάκρυα. Έμοιαζε σαν να είχε περάσει πολλά τελευταία. "Είσαι καλά;" ρώτησα απαλά, χωρίς να είμαι σίγουρος αν έπρεπε να εισβάλω στην ιδιωτική της ζωή ή όχι. Μύρισε και σκούπισε το πρόσωπό της με το **μανίκι του** φορέματός της. "Είμαι καλά", είπε,

La Acrópolis

El sol **golpeaba** las antiguas ruinas de la Acrópolis, haciendo que las paredes de piedra se sintieran calientes al tacto. El aire estaba quieto y polvoriento, y no había ni un alma a la vista. Me sentí como si hubiera retrocedido en el tiempo mientras vagaba por las **calles** vacías, imaginando cómo debía ser este lugar cuando estaba lleno de vida. Me detuve en uno de los templos y subí a lo alto de sus escalones. Desde aquí, podía ver kilómetros en todas las **direcciones**. La vista era **impresionante,** pero también era extrañamente tranquila. Me sentí bien al estar rodeada de historia y saber que estaba en un lugar que había visto tanto a lo largo de los siglos. Mientras estaba allí sentada, escuché un ruido que venía de abajo. Parecía que alguien estaba llorando. Curioso, bajé de mi **percha** y seguí el sonido hasta llegar a una pequeña **alcoba** donde había una mujer sentada en el suelo con la cabeza entre las manos. Capítulo 2

La **mujer** levantó la vista cuando me acerqué y pude ver que estaba llorando. Tenía los ojos rojos e hinchados y las mejillas mojadas por las lágrimas. Parecía que había sufrido mucho últimamente. "¿Estás bien?" Le pregunté con delicadeza, sin saber si debía entrometerme en su intimidad o no. Olfateó y se limpió

αλλά ήταν **προφανές** ότι δεν έλεγε την αλήθεια. "Απλώς...
αυτό το μέρος είναι τόσο όμορφο, αλλά και τόσο θλιβερό".
Έκανε μια χειρονομία στα ερείπια της Ακρόπολης γύρω
μας. "Μου **θυμίζει** πως όλα καταρρέουν τελικά".

"Αλλά ακόμα κι αν τα πράγματα καταρρέουν, μπορούν
επίσης να ξαναχτιστούν", είπα απαλά, σκεπτόμενος
όλες τις φορές στη δική μου ζωή που τα πράγματα δεν
είχαν πάει σύμφωνα με το σχέδιο, αλλά είχα καταφέρει
να ξανασηκωθώ, **παρ' όλα αυτά**. "Αυτό το μέρος
είναι μια **απόδειξη** γι' αυτό". Η **γυναίκα** έγνεψε αργά,
δείχνοντας να παίρνει κατάκαρδα τα λόγια μου. "Έχεις
δίκιο", είπε μετά από λίγο. "Πάντα υπάρχει ελπίδα
για κάτι καινούργιο". Με αυτά τα λόγια, σηκώθηκε και
σκούπισε το φόρεμά της. Στη συνέχεια, χωρίς άλλη
λέξη, απομακρύνθηκε από κοντά μου σε έναν από τους
αρχαίους δρόμους της Ακρόπολης, αφήνοντάς με για άλλη
μια φορά μόνο μου με μόνη συντροφιά τις σκέψεις μου.
Κάθισα εκεί για λίγο ακόμα, αφήνοντας τα λόγια της να
εντρυφήσουν στο μυαλό μου. Είχε δίκιο - παρόλο που η
Ακρόπολη ήταν ερειπωμένη, εξακολουθούσε να είναι ένα
καταπληκτικό μέρος. Και όπως ακριβώς αυτή η αρχαία
πόλη, όλοι μας έχουμε τη δυνατότητα να αναγεννηθούμε
ξανά, αφού περάσουμε δύσκολες στιγμές. **Τελικά**,
σηκώθηκα και συνέχισα να **εξερευνώ** την Ακρόπολη.
Παρόλο που ήταν άδεια, εξακολουθούσε να μοιάζει με ένα
ξεχωριστό μέρος - ένα μέρος που δεν θα ξεχνούσα ποτέ.

la cara con la **manga del** vestido. "Estoy bien", dijo, pero era **obvio** que no estaba diciendo la verdad. "Es sólo que... este lugar es tan hermoso, pero también es tan triste". Señaló las ruinas de la Acrópolis que nos rodeaban. "Me recuerda cómo todo se desmorona eventualmente".

"Pero aunque las cosas se desmoronen, también pueden reconstruirse", dije en voz baja, pensando en todas las veces que en mi propia vida las cosas no habían salido según lo previsto, pero que, **sin embargo,** había conseguido volver a levantarme. "Este lugar es un **testimonio** de ello". La **mujer** asintió lentamente, pareciendo tomar en serio mis palabras. "Tienes razón", dijo después de un momento. "Siempre hay esperanza para algo nuevo". Se levantó y se quitó el vestido. Luego, sin decir nada más, se alejó de mí por una de las antiguas calles de la Acrópolis, dejándome solo una vez más con la única compañía de mis pensamientos. Me quedé sentado un rato más, dejando que sus palabras calaran. Tenía razón: aunque la Acrópolis estuviera en ruinas, seguía siendo un lugar increíble. Y al igual que esta antigua ciudad, todos tenemos el potencial de resurgir después de haber pasado por momentos difíciles. **Finalmente, me levanté** y seguí **explorando** la Acrópolis. Aunque estaba vacía, seguía sintiéndose como un lugar especial, uno que nunca olvidaría.

Ερωτήσεις

1. Τι βλέπει ο πρωταγωνιστής από την κορυφή του ναού;

2. Πώς αισθάνεται ο πρωταγωνιστής για τα αρχαία ερείπια;

3. Ποιον συναντά ο πρωταγωνιστής στην εσοχή;

4. Γιατί κλαίει η γυναίκα στην εσοχή;

5. Τι λέει ο πρωταγωνιστής στη γυναίκα;

6. Πώς αντιδρά η γυναίκα στα λόγια του πρωταγωνιστή;

7. Πού πηγαίνει η γυναίκα αφού αφήσει τον πρωταγωνιστή;

8. Τι κάνει ο πρωταγωνιστής αφού φύγει η γυναίκα;

9. Ποια είναι η συνολική γνώμη του πρωταγωνιστή για την Ακρόπολη;

Preguntas de comprensión

1. ¿Qué ve el protagonista desde lo alto del templo?

2. ¿Qué opina el protagonista de las ruinas antiguas?

3. ¿Con quién se encuentra el protagonista en la alcoba?

4. ¿Por qué llora la mujer de la alcoba?

5. ¿Qué le dice el protagonista a la mujer?

6. ¿Cómo reacciona la mujer a las palabras del protagonista?

7. ¿Dónde va la mujer después de dejar al protagonista?

8. ¿Qué hace el protagonista después de que la mujer se vaya?

9. ¿Cuál es la opinión general del protagonista sobre la Acrópolis?

Όρος Όλυμπος

Ο ήλιος μόλις είχε αρχίσει να ξεπροβάλλει από τον **ορίζοντα**, ρίχνοντας μια ροζ και πορτοκαλί λάμψη στον ουρανό. Τα πουλιά κελαηδούσαν και το αεράκι φυσούσε απαλά ανάμεσα στα δέντρα. Ήταν μια όμορφη μέρα. Ο Όλυμπος φαινόταν στο **βάθος**, με την κορυφή του να **καλύπτεται** από σύννεφα. Λέγεται ότι ο Δίας, ο βασιλιάς των θεών, ζούσε στην κορυφή του Ολύμπου. Κάποιοι έλεγαν ότι μπορούσε να ελέγχει τον καιρό και ότι προκαλούσε καταιγίδες όταν θύμωνε. Άλλοι έλεγαν ότι ήταν ευγενικός και **καλοπροαίρετος** και βοηθούσε όσους είχαν ανάγκη. Κανείς δεν ήξερε με σιγουριά γιατί κανείς δεν είχε πάει ποτέ στον Όλυμπο και δεν είχε επιστρέψει για να διηγηθεί την ιστορία.

Σήμερα, όμως, κάποιος θα έκανε το ταξίδι στον Όλυμπο: μια νεαρή γυναίκα, η Σάρα, η οποία είχε χάσει πρόσφατα τον σύζυγό της σε ένα τραγικό ατύχημα. Ήθελε απαντήσεις από τον Δία- ήθελε να μάθει γιατί συνέβη αυτό και τι θα μπορούσε να κάνει για να μην ξανασυμβεί. Έτσι, με **αποφασιστικότητα** στην καρδιά της, η Σάρα ξεκίνησε την ανάβασή της στον Όλυμπο. Όσο πλησίαζε η Σάρα στον **Όλυμπο**, τόσο περισσότερο συνειδητοποιούσε πόσο τρομακτικό ήταν το έργο που είχε μπροστά της. Το βουνό ήταν τεράστιο και δεν είχε ιδέα από πού να ξεκινήσει την αναρρίχηση. Αλλά αρνήθηκε να τα παρατήσει- ο σύζυγός της άξιζε κάτι καλύτερο από αυτό. Έτσι, η Σάρα συνέχισε να προχωρά, αναζητώντας έναν τρόπο να ανέβει στο βουνό. Περιπλανιόταν για ώρες,

Monte Olimpo

El sol acababa de empezar a asomarse por el **horizonte**, arrojando un resplandor rosa y naranja sobre el cielo. Los pájaros cantaban y la brisa soplaba suavemente entre los árboles. Era un día precioso. El monte Olimpo se alzaba en **la distancia, con** su cima envuelta en nubes. Se dice que Zeus, rey de los dioses, vivía en la cima del Olimpo. Algunos decían que podía controlar el clima y que provocaba tormentas cuando se enojaba. Otros decían que era amable y **benévolo** y que ayudaba a los necesitados. Nadie lo sabía con certeza porque nadie había estado nunca en el Olimpo y había vuelto para contarlo.

Pero hoy, alguien haría el viaje hasta el Monte Olimpo: una joven llamada Sara, que había perdido recientemente a su marido en un trágico accidente. Ella quería respuestas de Zeus; necesitaba saber por qué había sucedido esto y qué podía hacer para evitar que volviera a suceder. Así que, con **determinación** en su corazón, Sarah comenzó su ascenso al Monte Olimpo. Cuanto más se acercaba Sara al **Olimpo**, más se daba cuenta de lo desalentadora que era la tarea que tenía por delante. La montaña era enorme y no tenía ni idea de por dónde empezar a subir. Pero se negaba a rendirse; su marido se merecía algo mejor. Así que Sarah siguió adelante, buscando un camino hacia la montaña. Vagó durante horas, **arañándose** con las ramas y tropezando con las rocas. Pero finalmente encontró un camino que parecía conducir hacia arriba.

γρατζουνιόταν από κλαδιά και σκόνταφτε σε βράχους. Αλλά τελικά βρήκε ένα μονοπάτι που φαινόταν να οδηγεί προς τα πάνω. Το ακολούθησε με ανυπομονησία, ελπίζοντας ότι θα την οδηγούσε στον Δία. Το μονοπάτι ήταν μακρύ και **δαιδαλώδες,** αλλά η Σάρα επέμενε. Δεν ήταν σίγουρη για πόσο ακόμα θα μπορούσε να συνεχίσει χωρίς φαγητό ή νερό, αλλά δεν ήθελε να γυρίσει πίσω τώρα. Τελικά, μετά από μέρες περπατήματος, η Σάρα έφτασε στην κορυφή του Ολύμπου. Και εκεί ήταν: Ο ίδιος ο Δίας, καθισμένος στο θρόνο του με έναν κεραυνό στο χέρι.

Η Σάρα πλησίασε τον Δία με προσοχή. Δεν ήξερε τι να περιμένει, αλλά ήξερε ότι έπρεπε να πει τη γνώμη της. "Δία", άρχισε, "ήρθα εδώ επειδή χρειαζόμουν απαντήσεις. Ο σύζυγός μου έχασε τη ζωή του σε ένα τραγικό **ατύχημα** και θέλω να μάθω γιατί **συνέβη** και τι μπορώ να κάνω για να μην ξανασυμβεί. " Ο Δίας κοίταξε τη Σάρα με οίκτο στα μάτια του. Μπορούσε να δει τον πόνο και την ταλαιπωρία που ήταν χαραγμένα στο πρόσωπό της. "Παιδί μου", είπε απαλά, "δεν υπάρχει εύκολη απάντηση στο ερώτημά σου. Μερικές φορές τα άσχημα πράγματα συμβαίνουν χωρίς κανένα λόγο. Αλλά σου **υπόσχομαι** το εξής: ο **σύζυγός** σου βρίσκεται σε ένα καλύτερο μέρος τώρα και θα σε προσέχει πάντα. " Με αυτά τα λόγια, η Σάρα ένιωσε να φεύγει λίγο από το βάρος των ώμων της. Δεν είχε όλες τις απαντήσεις που έψαχνε, αλλά ο Δίας της είχε δώσει, παρ' όλα αυτά, λίγη ηρεμία. Ευχαριστώντας τον για το χρόνο του, η Σάρα γύρισε και ξεκίνησε να κατεβαίνει το **βουνό,** έτοιμη να αντιμετωπίσει ό,τι της έφερνε η ζωή στο δρόμο της στη συνέχεια.

Lo siguió con entusiasmo, esperando que la llevara hasta Zeus. El camino era largo y **sinuoso**, pero Sarah perseveró. No estaba segura de cuánto tiempo más podría seguir sin comida ni agua, pero no quería volver atrás. Finalmente, después de lo que parecieron días de caminata, Sara llegó a la cima del Monte Olimpo. Y allí estaba él: Zeus en persona, sentado en su trono con un rayo en la mano.

Sarah se acercó a Zeus con cautela. No estaba segura de qué esperar, pero sabía que tenía que decir lo que pensaba. "Zeus", comenzó, "he venido aquí porque necesito respuestas. Mi marido murió en un trágico **accidente** y quiero saber por qué **ocurrió** y qué puedo hacer para evitar que vuelva a ocurrir". "Zeus miró a Sarah con compasión en sus ojos. Podía ver el dolor y el sufrimiento grabados en su rostro. "Hija mía", dijo suavemente, "no hay una respuesta fácil a tu pregunta. A veces las cosas malas suceden sin ninguna razón. Pero **te prometo** esto: tu **marido** está ahora en un lugar mejor y siempre estará velando por ti". "Con esas palabras, Sarah sintió que se le quitaba algo de peso de encima. No tenía todas las respuestas que buscaba, pero Zeus le había dado algo de tranquilidad. Agradeciéndole su tiempo, Sarah se dio la vuelta y comenzó a bajar la **montaña**, dispuesta a enfrentarse a lo que la vida le deparara a continuación.

Ερωτήσεις

1. Ποιο ήταν το όνομα του συζύγου της Σάρας;

2. Πώς ένιωσε η Σάρα όταν έφτασε στην κορυφή του Ολύμπου;

3. Τι είπε ο Δίας στη Σάρα για τον σύζυγό της;

4. Γιατί η Σάρα ήθελε να μιλήσει στον Δία;

5. Τι είπε ο Δίας για τα κακά πράγματα που συμβαίνουν;

6. Πού βρίσκεται ο Όλυμπος;

7. Πώς λέγεται ότι είναι ο καιρός στον Όλυμπο;

8. Τι έκανε η Σάρα όταν δεν μπορούσε να βρει τρόπο να ανέβει στο βουνό;

9. Πώς ήταν το μονοπάτι που βρήκε η Σάρα;

10. Τι έκανε η Σάρα όταν τελείωσε να μιλάει στον Δία;

Preguntas de comprensión

1. ¿Cómo se llamaba el marido de Sara?

2. ¿Cómo se sintió Sara cuando llegó a la cima del Olimpo?

3. ¿Qué le dijo Zeus a Sara sobre su marido?

4. ¿Por qué quería Sara hablar con Zeus?

5. ¿Qué dijo Zeus sobre las cosas malas que suceden?

6. ¿Dónde se encuentra el Monte Olimpo?

7. ¿Cómo se dice que es el clima en el Monte Olimpo?

8. ¿Qué hizo Sara cuando no pudo encontrar el camino hacia la montaña?

9. ¿Cómo era el camino que encontró Sara?

10. ¿Qué hizo Sara cuando terminó de hablar con Zeus?

Στην παραλία

Μετά την ανατολή του ήλιου, τα κύματα είναι πιο δυνατά
και η άμμος πάνω από την παλίρροια είναι λευκή.
Κατεβαίνω στην παραλία, **θαυμάζοντας** τη θάλασσα
και τον ήλιο. Τα δάχτυλα των ποδιών μου αισθάνονται
τα αυλάκια των κοχυλιών. Η άμμος είναι κρύα στα
δάχτυλα των ποδιών μου. Χαμογελάω και συνεχίζω. Η
παλίρροια είναι υψηλή, οπότε πρέπει να προσέχω να
μην με τραβήξει μέσα. Περπατάω κατά μήκος της άκρης
του νερού, θαυμάζοντας τη θάλασσα. Η ανατολή του
ήλιου είναι **πανέμορφη** και τα κύματα σκάνε. Νιώθω
τόσο γαλήνια. Έρχομαι σε ένα σημείο όπου υπάρχει
μια βραχώδης προεξοχή. Κάθομαι και παρακολουθώ τα
κύματα. Το νερό είναι τόσο γαλάζιο και ο ουρανός τόσο
πορτοκαλί. Νιώθω σαν να βρίσκομαι σε όνειρο. Κλείνω
τα μάτια μου και απλά ακούω τα κύματα. Κάθισα εκεί
για πολλή ώρα, μέχρι που άκουσα κάποιον να φωνάζει
το όνομά μου.

Ανοίγω τα μάτια μου και βλέπω τη μαμά μου να έρχεται
προς το μέρος μου. Έχει ένα ανήσυχο βλέμμα στο
πρόσωπό της. Χαμογελάω και χαιρετάω και εκείνη
χαλαρώνει. "Αναρωτιόμουν πού πήγες", λέει. "Χαίρομαι
που απολαμβάνεις την παραλία". Της απαντάω: "Ναι,
χαίρομαι". "Είναι τόσο όμορφα εδώ". "Το ξέρω", λέει.
"Όταν ήμουν στην ηλικία σου, ερχόμουν συνέχεια
εδώ". "Αλήθεια;" Ρωτάω. "Ναι", απαντάει. "Είναι ένα
ξεχωριστό μέρος." "Γνώρισες ποτέ κάποιον ξεχωριστό
εδώ;" Ρωτάω. "Ναι", απαντάει χαμογελώντας. "Τον
πατέρα σου." "Αλήθεια;" Λέω **έκπληκτος**. "Ναι", λέει.

En la playa

Después del amanecer, las olas son más fuertes y la arena sobre la marea es blanca. Bajo a la playa, **admirando** el mar y el sol. Mis dedos sienten los surcos de las conchas. La arena está fría en mis dedos. Sonrío y sigo adelante. La marea está alta, así que tengo que tener cuidado de que no me arrastre. Camino por la orilla del agua, admirando el mar. El amanecer es **precioso** y las olas rompen. Me siento muy tranquila. Llego a un lugar donde hay un afloramiento de roca. Me siento y observo las olas. El agua es tan azul y el cielo tan **naranja**. Me siento como en un sueño. Cierro los ojos y sólo escucho las olas. Me siento allí durante mucho tiempo, hasta que oigo que alguien me llama por mi nombre.

Abro los ojos y veo a mi madre caminando hacia mí. Tiene una mirada de preocupación. Sonrío y la saludo con la mano, y se **relaja**. "Me preguntaba adónde habías ido", dice. "Me alegro de que estés disfrutando de la playa". Le respondo: "Sí". "Esto es muy bonito". "Lo sé", dice ella. "Yo solía venir aquí todo el tiempo cuando tenía tu edad". "¿De verdad?" Pregunto. "Sí", responde. "Es un lugar especial". "¿Has conocido a alguien especial aquí?" le pregunto. "Sí", responde con una sonrisa. "A tu padre". "¿De verdad?" Digo,

"Συνηθίζαμε να ερχόμαστε εδώ όλη την ώρα μαζί. Εδώ ερωτευτήκαμε. " Χαμογελάω, **φαντάζομαι** τους γονείς μου να ερωτεύονται σε αυτή την όμορφη παραλία. "Είναι ένα ξεχωριστό μέρος", επαναλαμβάνει. "Χαίρομαι που ήρθες εδώ σήμερα".

Καθόμαστε εκεί για λίγο ακόμα, **παρακολουθώντας** τα κύματα και το ηλιοβασίλεμα. Μετά σηκωνόμαστε και επιστρέφουμε στις πετσέτες μας στην παραλία. Ξαπλώνω και κοιτάζω τα αστέρια. Νιώθω τόσο ευτυχισμένη και ικανοποιημένη. Τα κύματα είναι πιο δυνατά τώρα, και η άμμος είναι κρύα. Ο ήλιος δύει και φυσάει ένα δροσερό αεράκι. Τα κύματα σκάνε στην ακτή και η μυρωδιά του αλατιού είναι στον αέρα. Είναι ένα τέλειο βράδυ για να βρίσκεσαι στην παραλία. Περπατάω κατά μήκος της ακτής, **ακούγοντας τον** ήχο των κυμάτων και παρακολουθώντας το ηλιοβασίλεμα. Βλέπω μια ομάδα ανθρώπων να κάθεται στην άμμο, να γελούν και να αστειεύονται. Φαίνεται να περνούν πολύ καλά. Τους πλησιάζω και τους ρωτάω αν μπορώ να τους κάνω παρέα. Μου λένε ναι και περνάμε το υπόλοιπο της βραδιάς μιλώντας, γελώντας και βλέποντας το **ηλιοβασίλεμα**. Είναι ένα τέλειο βράδυ. Η ομάδα και εγώ μιλάμε μέχρι να δύσει ο ήλιος. Μοιραζόμαστε ιστορίες και αστεία και περνάμε όλοι πολύ καλά. Καθώς η νύχτα αρχίζει να πέφτει, αρχίζουμε όλοι να νιώθουμε κουρασμένοι. Φιλάμε ο ένας τον άλλον **για αντίο** και οι δρόμοι μας χωρίζουν. Επιστρέφω στο ξενοδοχείο μου, νιώθοντας χαρούμενος και ικανοποιημένος. Δεν μπορώ να πιστέψω πόσο όμορφα είναι εδώ. Είμαι τόσο τυχερός που το **έζησα**.

sorprendido. "Sí", dice ella. "Solíamos venir aquí siempre juntos. Es donde nos enamoramos". "Sonrío, **imaginando a** mis padres enamorándose en esta hermosa playa. "Es un lugar especial", repite. "Me alegro de que hayas venido hoy".

Nos quedamos sentados un rato más, **mirando** las olas y la puesta de sol. Luego nos levantamos y volvemos a nuestras toallas de playa. Me tumbo y miro las estrellas. Me siento muy feliz y contenta. Las olas son más fuertes y la arena está fría. El sol se pone y sopla una brisa fresca. Las olas chocan contra la orilla y el aire huele a sal. Es una tarde perfecta para estar en la playa. Estoy caminando por la orilla, **escuchando el** sonido de las olas y viendo la puesta de sol. Veo a un grupo de personas sentadas en la arena, riendo y bromeando. Parece que se lo están pasando muy bien. Me acerco a ellos y les pregunto si puedo unirme a ellos. Me dicen que sí y pasamos el resto de la tarde hablando, riendo y viendo la **puesta de sol**. Es una noche perfecta. El grupo y yo hablamos hasta que se pone el sol. Compartimos anécdotas y bromas, y nos lo pasamos muy bien. Cuando la noche empieza a caer, todos empezamos a sentirnos cansados. Nos **despedimos** con un beso y nos separamos. Vuelvo a mi hotel, feliz y contento. No puedo creer lo bonito que es esto. Tengo mucha suerte de haberlo **vivido**.

Ερωτήσεις

1. Πού πηγαίνει η αφηγήτρια αφού ξυπνήσει;

2. Τι θαυμάζει η αφηγήτρια καθώς περπατά κατά μήκος της παραλίας;

3. Τι πρέπει να προσέχει η αφηγήτρια καθώς περπατάει στην παραλία;

4. Πού κάθεται ο αφηγητής για να απολαύσει τη θέα;

5. Πόση ώρα κάθεται εκεί ο αφηγητής;

6. Ποιον βλέπει η αφηγήτρια όταν ανοίγει ξανά τα μάτια της;

7. Τι λέει η μητέρα του αφηγητή;

8. Τι συζητούν η αφηγήτρια και οι άνθρωποι που συναντά;

Preguntas de comprensión

1. ¿Dónde va la narradora después de despertar?

2. ¿Qué admira la narradora mientras camina por la playa?

3. ¿Qué tiene que vigilar la narradora mientras camina por la playa?

4. ¿Dónde se sienta la narradora para disfrutar de la vista?

5. ¿Cuánto tiempo permanece la narradora sentada allí?

6. ¿A quién ve la narradora cuando vuelve a abrir los ojos?

7. ¿Qué dice la madre de la narradora?

8. ¿De qué hablan la narradora y las personas que conoce?

Κάμπινγκ στη λίμνη

Περπατάω προς τη λίμνη, **θαυμάζοντας** την ηρεμία της σκηνής. Ο ήλιος πέφτει πάνω στη μικρή λίμνη, κάνοντας το νερό να μοιάζει με γυάλινο φύλλο. Η μόνη κίνηση είναι ο περιστασιακός κυματισμός από ένα ψάρι που **σπάει** την επιφάνεια. Ακόμα και τα πουλιά φαίνεται να κάνουν ένα διάλειμμα από τη ζέστη, με μόνο τον ήχο των τζιτζικιών να γεμίζει τον αέρα. **Ξαφνικά**, η γαλήνη διακόπτεται από έναν δυνατό παφλασμό. Ένα μεγάλο **ψάρι** έχει πηδήξει έξω από το νερό, προσπαθώντας να πιάσει μια λιβελούλα. Το ψάρι χάνει το στόχο του και πέφτει πίσω στο νερό με έναν παφλασμό. "Ουάου", σκέφτομαι, "αυτό ήταν ένα μεγάλο ψάρι!". Κοίταξα γύρω μου για να δω αν το είδε κάποιος άλλος, αλλά δεν υπήρχε κανείς τριγύρω. Υποθέτω ότι θα πρέπει να τους το πω όταν επιστρέψω στην κατασκήνωση.

Η ζέστη είναι **αποπνικτική**, με αποτέλεσμα να δυσκολεύεσαι να αναπνεύσεις. Ο αέρας είναι πυκνός και βαρύς, σαν κουβέρτα που σε τυλίγει. Η μόνη ανακούφιση είναι το νερό. Είναι δροσερό και αναζωογονητικό, σαν ένα κρύο ποτό σε μια ζεστή μέρα. Παίρνω μια βαθιά ανάσα και βουτάω στο νερό. Η ανακούφιση είναι άμεση καθώς το δροσερό νερό με περιβάλλει. Κολυμπάω μέχρι το βυθό και μετά ξαναβγαίνω στην επιφάνεια, νιώθοντας το νερό να δροσίζει το σώμα μου. Συνεχίζω να **κολυμπάω** γύρους, απολαμβάνοντας την ανάπαυλα από τη ζέστη. Μετά από λίγο, βγαίνω από το νερό και ξαπλώνω στο γρασίδι, αφήνοντας τον ήλιο να στεγνώσει το σώμα

Acampada en el lago

Camino hacia el lago, **admirando la** tranquilidad de la escena. El sol golpea el pequeño lago, haciendo que el agua parezca una lámina de cristal. El único movimiento es el de los peces que **rompen** la superficie. Incluso los pájaros parecen descansar del calor, y sólo el sonido de las cigarras llena el aire. **De repente, la** paz se rompe con un fuerte chapoteo. Un gran **pez** ha saltado fuera del agua, intentando atrapar una libélula. El pez no alcanza su objetivo y cae de nuevo al agua con un chapoteo. "¡Vaya!", pienso para mis adentros, "¡ese era un pez grande!". Miro a mi alrededor para ver si alguien más lo ha visto, pero no hay nadie. Supongo que tendré que contarlo cuando vuelva al campamento.

El calor es **agobiante** y dificulta la respiración. El aire es espeso y pesado, como una manta que te envuelve. El único alivio es el agua. Es fresca y refrescante, como una bebida fría en un día caluroso. Respiro profundamente y me sumerjo en el agua. El alivio es inmediato cuando el agua fresca me rodea. Nado hasta el fondo y luego vuelvo a la superficie, sintiendo que el agua refresca mi cuerpo. Sigo **nadando**, disfrutando del respiro del calor. Después de un rato, salgo del agua y me tumbo en la hierba, dejando que el sol me

μου. Κλείνω τα μάτια μου και πέφτω για ύπνο, με τον ήχο των **τζιτζικιών** να με νανουρίζει σε βαθύ ύπνο. Αφήνω τον ήλιο να βγάλει το νερό από το δέρμα μου. Νιώθω το δέρμα μου να κοκκινίζει, αλλά δεν με νοιάζει. Κάνω πολύ ζέστη για να με νοιάζει.Το επόμενο πράγμα που καταλαβαίνω είναι ότι ο ήλιος δύει. Ο ουρανός έχει ένα όμορφο πορτοκαλί χρώμα, με ροζ και μοβ ανταύγειες. Η ζέστη έχει φύγει, και τη θέση της έχει πάρει ένα δροσερό **αεράκι**.

Σηκώνομαι και ξαναφορώ τα ρούχα μου, νιώθοντας ανανεωμένη και αναζωογονημένη. Παίρνω μια βαθιά **ανάσα** από τον δροσερό αέρα και χαμογελάω. Είναι ωραίο να είσαι ζωντανός. Επιστρέφω με τα πόδια στην κατασκήνωση, θαυμάζοντας τον τρόπο που τα χρώματα χορεύουν στον ουρανό. Βλέπω τη φωτιά να καίει στο βάθος και μυρίζω τον καπνό στον αέρα. Χαμογελάω και **επιταχύνω** το βήμα μου. Είμαι έτοιμη να χαλαρώσω και να απολαύσω το υπόλοιπο της βραδιάς μου. Μπαίνω στο κάμπινγκ και βλέπω ότι όλοι είναι συγκεντρωμένοι γύρω από τη φωτιά. **Γελούν** και αστειεύονται και βλέπω τη φωτιά να αντανακλάται στα μάτια τους. Χαμογελάω και κάθομαι δίπλα στους φίλους μου. Είναι ωραία που επέστρεψα. Το επόμενο πρωί, ξυπνάω νωρίς και αρχίζω να μαζεύω τα πράγματά μου. Ανυπομονώ να επιστρέψω στο μονοπάτι και να συνεχίσω το ταξίδι μου. Αποχαιρετώ τους φίλους μου και αρχίζω να απομακρύνομαι. Καθώς περπατάω, ρίχνω μια τελευταία ματιά στο **κάμπινγκ**. Βλέπω τη φωτιά να καίει ακόμα στο βάθος και μυρίζω τον καπνό στον αέρα. Χαμογελάω και επιταχύνω το βήμα μου. Είμαι έτοιμος να συνεχίσω το **ταξίδι μου**.

seque el cuerpo. Cierro los ojos y me duermo, el sonido de las **cigarras** me arrulla en un profundo sueño. Dejo que el sol me quite el agua de la piel. Siento que mi piel se pone roja, pero no me importa. Lo siguiente que sé es que el sol se está poniendo. El cielo es de un hermoso color naranja, con vetas de color rosa y púrpura. El calor ha desaparecido y ha sido sustituido por una **brisa** fresca.

Me levanto y me vuelvo a poner la ropa, sintiéndome renovada y rejuvenecida. **Respiro** profundamente el aire fresco y sonrío. Se siente bien estar vivo. Vuelvo al campamento, admirando la forma en que los colores bailan en el cielo. Veo la hoguera que arde a lo lejos y huelo el humo en el aire. Sonrío y **acelero el** paso. Estoy lista para relajarme y disfrutar del resto de la noche. Entro en el campamento y veo que todos están reunidos alrededor del fuego. **Ríen** y bromean, y puedo ver el fuego reflejado en sus ojos. Sonrío y me siento junto a mis amigos. Es bueno estar de vuelta. A la mañana siguiente, me despierto temprano y empiezo a recoger mis cosas. Estoy ansioso por volver a la ruta y continuar mi viaje. Me despido de mis amigos y empiezo a caminar. Mientras camino, echo un último vistazo al **campamento**. Veo que el fuego sigue ardiendo a lo lejos y puedo oler el humo en el aire. Sonrío y acelero el paso. Estoy listo para continuar mi **viaje**.

Ερωτήσεις

1. Πού πηγαίνει ο περιπατητής;

2. τι είδους καιρός επικρατεί;

3. Πώς μοιάζει το νερό;

4. Πώς αντιδρά ο περιπατητής στη ζέστη;

5. Τι κάνει το ψάρι;

6. Γιατί ο περιπατητής είναι μόνος του;

7. Πώς αισθάνεστε το νερό;

8. Πώς αισθάνεται ο περιπατητής μετά το κολύμπι;

9. Τι ώρα της ημέρας είναι όταν ο περιπατητής ξυπνάει;

10. Πού πηγαίνει ο περιπατητής όταν φεύγει από τον καταυλισμό;

Preguntas de comprensión

1. ¿Dónde va el caminante?

2. ¿Qué tiempo hace?

3. ¿Qué aspecto tiene el agua?

4. ¿Cómo reacciona el caminante al calor?

5. ¿Qué hace el pez?

6. ¿Por qué el caminante está solo?

7. ¿Cómo se siente el agua?

8. ¿Cómo se siente el caminante después de nadar?

9. ¿A qué hora del día se despierta el caminante?

10. ¿Adónde va el caminante cuando sale del campamento?

Το σπίτι

Μετακόμισα στο νέο μου σπίτι την περασμένη εβδομάδα και είμαι τόσο **ενθουσιασμένη**! Είναι πολύ μεγαλύτερο από το παλιό μου και έχει μεγάλη αυλή. Ανυπομονώ να καλέσω φίλους για μπάρμπεκιου και πάρτι. **Το αγαπημένο μου** μέρος είναι η νέα μου κρεβατοκάμαρα. Είναι τόσο μεγάλο και φωτεινό και έχω πολύ χώρο για να βάλω όλα μου τα πράγματα. Είμαι πολύ χαρούμενη με το νέο μου σπίτι και νομίζω ότι θα είμαι πολύ ευτυχισμένη εδώ. Αποφάσισα να εξερευνήσω το σπίτι λίγο περισσότερο. Ανέβηκα στον δεύτερο όροφο και άρχισα να κατευθύνομαι προς την κουζίνα, όταν είδα μια μεγάλη μαύρη αράχνη στον τοίχο! Ούρλιαξα και έτρεξα κάτω. **Φοβήθηκα** τόσο πολύ! Αλλά μετά από λίγα λεπτά, ηρέμησα και αποφάσισα να ξαναπάω επάνω. Πήγα σιγά σιγά στην κουζίνα και είδα ότι η αράχνη είχε φύγει. Ανακουφίστηκα τόσο πολύ! Κατέβηκα ξανά κάτω και αποφάσισα να βγω έξω να εξερευνήσω την **πίσω αυλή**. Ήταν τόσο μεγάλη! Δεν μπορούσα να το πιστέψω. Είδα μια κούνια στη γωνία και μια τσουλήθρα. Είδα επίσης ένα δίχτυ μπάσκετ και ένα **τραμπολίνο**. Ήμουν τόσο ενθουσιασμένη!

Ανυπομονώ να χρησιμοποιήσω όλα αυτά τα νέα πράγματα. Οι **γείτονες** ήρθαν και συστήθηκαν. Φάνηκαν πολύ καλοί και μιλήσαμε για λίγο. Με προσκάλεσαν στο μπάρμπεκιου τους το επόμενο Σαββατοκύριακο και είπα ότι θα ήθελα πολύ να έρθω. Πέρασα μια υπέροχη πρώτη εβδομάδα στο νέο μου σπίτι και είμαι ενθουσιασμένη για όλες τις

La Casa

Me mudé a mi nueva casa la semana pasada y estoy muy **emocionada**. Es mucho más grande que la anterior y tiene un gran patio trasero. Me muero de ganas de tener amigos para hacer barbacoas y fiestas. Mi parte **favorita** es mi nuevo dormitorio. Es muy grande y luminosa, y tengo mucho espacio para poner todas mis cosas. Estoy muy contenta con mi nueva casa y creo que seré muy feliz aquí. Decidí explorar la casa un poco más. Subí al segundo piso y empecé a dirigirme a la cocina cuando vi una gran araña negra en la pared. Grité y corrí escaleras abajo. Estaba muy **asustada**. Pero después de unos minutos, me calmé y decidí volver a subir. Me dirigí lentamente a la cocina y vi que la araña había desaparecido. Me sentí muy aliviada. Volví a bajar las escaleras y decidí salir a explorar el **patio trasero**. Era tan grande. No me lo podía creer. Vi un columpio en la esquina y un tobogán. También vi una red de baloncesto y una **cama elástica**. Estaba muy emocionada.

No puedo esperar a usar todas estas cosas nuevas. Los **vecinos** vinieron y se presentaron. Parecían muy simpáticos y estuvimos hablando un rato. Me invitaron a su barbacoa el próximo fin de semana y les dije que me encantaría ir. He pasado una primera semana estupenda en mi nueva casa, y estoy entusiasmada con todas las nuevas aventuras que me esperan. Hoy voy a ir a explorar de nuevo en el patio trasero y ver qué más puedo

νέες περιπέτειες που έρχονται. Σήμερα, θα πάω να εξερευνήσω ξανά την πίσω αυλή και να δω τι άλλο μπορώ να βρω. Ποιος ξέρει, ίσως βρω και κάποιο **θησαυρό**. Ανυπομονώ να δω τι θα φέρει η επόμενη εβδομάδα! Την επόμενη εβδομάδα, πήγα πάλι για εξερεύνηση στην πίσω αυλή και βρήκα έναν **μυστικό** κήπο. Ήταν τόσο όμορφος! Υπήρχαν παντού λουλούδια και μια μικρή λιμνούλα με ψάρια. Είδα επίσης μια κούνια που δεν είχα ξαναδεί. Ήμουν τόσο ενθουσιασμένη που βρήκα αυτόν τον μυστικό κήπο και ανυπομονώ να τον εξερευνήσω περισσότερο. Ήταν τόσο **όμορφος**!

Υπήρχαν παντού λουλούδια και μια μικρή λιμνούλα με ψάρια. Είδα επίσης μια κούνια που δεν είχα ξαναδεί. Ήμουν τόσο ενθουσιασμένη που βρήκα αυτόν τον μυστικό κήπο και ανυπομονώ να τον εξερευνήσω περισσότερο. Μου άρεσε επίσης το νέο μου δωμάτιο. Ήταν τόσο μεγάλο και φωτεινό, και υπήρχαν ήδη αφίσες των αγαπημένων μου συγκροτημάτων στους τοίχους. Δεν χρειάστηκε καν να φέρω δικά μου **έπιπλα**, επειδή υπήρχε ήδη ένα κρεβάτι, μια συρταριέρα και ένα γραφείο εδώ. Αυτή θα είναι η καλύτερη χρονιά όλων των εποχών! Είχα λίγο άγχος που θα ξεκινούσα σε ένα νέο **σχολείο, αλλά** όλοι οι νέοι μου γείτονες ήταν τόσο φιλικοί. Γνώρισα ακόμη και ένα κορίτσι που μένει δίπλα μου και λέει ότι θα έρθει μαζί μου στο σχολείο με τα πόδια την πρώτη μέρα. Λατρεύω το νέο μου σπίτι και είμαι τόσο ενθουσιασμένη που ξεκινάω αυτό το νέο κεφάλαιο στη ζωή μου! Η αυριανή μέρα θα είναι υπέροχη! Αναρωτιέμαι τι περιπέτειες θα έχουμε μπροστά μας. Όλα τα πράγματά μου έχουν ξεπακεταριστεί και είμαι έτοιμη για ύπνο. Ανυπομονώ να δω τι θα φέρει η **αυριανή μέρα!**

encontrar. Quién sabe, quizá encuentre algún **tesoro**. Estoy deseando ver lo que me depara la próxima semana. A la semana siguiente, volví a explorar el patio trasero y encontré un jardín secreto. Era muy bonito. Había flores por todas partes y un pequeño estanque con peces. También vi un columpio que no había visto antes. Estaba muy emocionada por haber encontrado este jardín secreto, y no puedo esperar a explorarlo más. Era muy **bonito**.

Había flores por todas partes y un pequeño estanque con peces. También vi un **columpio** que no había visto antes. Me emocionó mucho encontrar este jardín secreto y estoy deseando explorarlo más. También me encantó mi nueva habitación. Era tan grande y luminosa, y ya había pósters de mis grupos favoritos en las paredes. Ni siquiera tuve que traer mis propios **muebles** porque ya había una cama, una cómoda y un escritorio. ¡Este va a ser el mejor año de todos! Estaba un poco nerviosa por empezar en una nueva **escuela**, pero todos mis nuevos vecinos han sido muy amables. Incluso he conocido a una chica que vive en la puerta de al lado y dice que me acompañará al colegio el primer día. Me encanta mi nueva casa y estoy muy emocionada por empezar este nuevo capítulo de mi vida. Mañana va a ser genial. Me pregunto qué aventuras me esperan. Todas mis pertenencias han sido desempacadas y estoy lista para ir a la cama. No puedo esperar a ver lo que me depara **el día de mañana.**

Ερωτήσεις

1. Πού ζει το άτομο;

2. Πώς του αρέσει στο νέο σπίτι;

3. Ποιο είναι το αγαπημένο μέρος του ατόμου στο νέο σπίτι;

4. Τι βρήκε το άτομο στον κήπο;

5. Ποιοι είναι οι γείτονες;

6. Πώς αισθάνθηκε το άτομο τις πρώτες ημέρες στο νέο σπίτι;

7. Ποιο είναι το αγαπημένο σημείο του ατόμου στο νέο δωμάτιο;

8. Τι σκοπεύει να κάνει το άτομο αύριο;

9. Ποιο ήταν το καλύτερο μέρος της πρώτης εβδομάδας του ατόμου στο νέο σπίτι;

Preguntas de comprensión

1. ¿Dónde vive la persona?

2. ¿Qué le parece a la persona la nueva casa?

3. ¿Cuál es la parte favorita de la persona en la nueva casa?

4. ¿Qué encontró la persona en el jardín?

5. ¿Quiénes son los vecinos?

6. ¿Cómo fueron los primeros días de la persona en la nueva casa?

7. ¿Cuál es la parte favorita de la persona en la nueva habitación?

8. ¿Qué piensa hacer la persona mañana?

9. ¿Qué fue lo mejor de la primera semana de la persona en la nueva casa?

Στο τρένο

Έτρεξα στο σταθμό του τρένου, αλλά άργησα πολύ. Το τρένο είχε ήδη φύγει χωρίς εμένα. Ένιωσα τόσο **θυμωμένη** και **απογοητευμένη** με τον εαυτό μου. Σχεδίαζα να πάρω το τρένο για να επισκεφτώ τους παππούδες μου που ζουν στην εξοχή, αλλά τώρα θα έπρεπε να περιμένω μια ολόκληρη ώρα για το επόμενο τρένο. Αποφάσισα αντ' αυτού να περπατήσω για λίγο στην πόλη και προσπάθησα να ξεχάσω τη χαμένη μου ευκαιρία. Καθώς περπατούσα, άρχισα να **ονειρεύομαι** όλα τα μέρη που μπορούν να σε πάνε τα **τρένα.** Ξαφνικά, δεν ήμουν πια τόσο αναστατωμένη. Επιστρέφω στο σταθμό και δεν μπορώ παρά να παρατηρήσω τη μεγάλη κόκκινη, άσπρη και μπλε ατμομηχανή που έτρεχε προς το μέρος μου. Μόνο όταν βλέπω τον **εισπράκτορα να** με χαιρετάει από το παράθυρο, συνειδητοποιώ ότι αυτό το τρένο είναι για μένα. Επιβιβάζομαι στο τρένο και βρίσκω τη θέση μου, βολευόμενος σε αυτό που υπόσχεται να είναι ένα μακρύ ταξίδι.

Καθώς βγαίνουμε από το σταθμό, δεν μπορώ παρά να αναρωτηθώ πού θα με πάει αυτό το τρένο. Μέσα από πράσινα **χωράφια** και πάνω από γαλάζια ποτάμια, πέρα από βουνά και κοιλάδες, δεν ξέρω πού θα πάει αυτό το παλιό τρένο. Καθώς η νύχτα αρχίζει να πέφτει, πέφτω σε έναν **ήρεμο** ύπνο, νανουρισμένος από τη **ρυθμική** κίνηση των βαγονιών στις γραμμές από κάτω. Όταν ξημερώνει ξανά, ανοίγω τα μάτια μου και διαπιστώνω ότι έχουμε φτάσει σε μια μικρή πόλη κάπου στη μέση του πουθενά. Ο ήλιος μόλις ξεπροβάλλει από τον ορίζοντα, καθώς οι ντόπιοι

En el tren

Corrí a la estación de tren, pero llegué demasiado
tarde. El tren ya había partido sin mí. Me sentí muy
enfadada y **decepcionada** conmigo misma. Había
planeado coger el tren para visitar a mis abuelos, que
viven en el campo, pero ahora tendría que esperar una
hora entera al siguiente tren. Decidí pasear un rato
por la ciudad y tratar de olvidar la oportunidad perdida.
Mientras caminaba, empecé a **soñar** con todos los
lugares a los que te puede llevar **el tren**. De repente,
ya no estaba tan molesto. Vuelvo a la estación y no
puedo evitar fijarme en la gran locomotora roja, blanca
y azul que se dirige hacia mí. No es hasta que veo al
revisor saludándome desde la ventanilla cuando me
doy cuenta de que ese tren es para mí. Subo al tren
y encuentro mi asiento, acomodándome para lo que
promete ser un largo viaje.

Mientras salimos de la estación, no puedo evitar
preguntarme a dónde me llevará este tren. A través de
campos verdes y ríos azules, pasando por montañas
y valles, no se sabe adónde irá este viejo tren. Cuando
empieza a caer la noche, me quedo dormido, arrullado
por el movimiento **rítmico** de los vagones en las
vías. Cuando vuelve a amanecer, abro los ojos y veo
que hemos llegado a un pequeño pueblo en medio
de la nada. El sol acaba de asomar por el horizonte
mientras los lugareños comienzan a arremolinarse
en la calle principal; parece un día cualquiera aquí,
excepto por una cosa: hay un gran cartel colocado

αρχίζουν να κυκλοφορούν στην κεντρική οδό- μοιάζει με οποιαδήποτε άλλη μέρα εδώ, εκτός από ένα πράγμα - υπάρχει μια μεγάλη πινακίδα κοντά στο δημαρχείο που γράφει "Καλώς ήρθατε στο πλοίο!". Φαίνεται ότι αυτή η μικρή πόλη μας περίμενε, παρόλο που είμαστε απλώς ένα συνηθισμένο **επιβατικό** τρένο που περνάει από εδώ στο δρόμο του για αλλού. Καθώς αφήνουμε την πόλη πίσω μας για άλλη μια φορά, τρέχοντας προς ποιος ξέρει πού θα πάμε, χαμογελάω με όλα τα φιλικά πρόσωπα που μας χαιρετούν από αυτά τα μικρά σπίτια που βρίσκονται ανάμεσα σε **αγροτικές εκτάσεις -** είναι πραγματικά εκπληκτικό πώς κάτι τόσο φαινομενικά συνηθισμένο μπορεί να φέρει τόση χαρά απλά και μόνο περνώντας από εδώ. Και μετά, φυσικά, υπάρχουν και τα **παιδιά**.

Σκύβω έξω από το παράθυρο της ατμομηχανής μου. Πάντα με κάνουν να νιώθω τόσο ευτυχισμένη με τα λαμπερά τους μάτια και τα μεγάλα τους χαμόγελα. Τους χαιρετάω δυναμικά πριν επιστρέψω στην **καμπίνα μου** και καθίσω. Ήταν ήδη μια μεγάλη μέρα, αλλά δεν έχει τελειώσει ακόμα- απομένουν ακόμα μερικές ώρες μέχρι να φτάσουμε στον τελικό μας **προορισμό**. Βγάζω το βιβλίο μου και αρχίζω να διαβάζω, αφήνοντας το ρυθμικό κούνημα του τρένου να με νανουρίσει σε μια γαλήνια κατάσταση. Κάθε τόσο ρίχνω μια ματιά στο τοπίο που περνάει από έξω - δεν βαριέται ποτέ, όσες φορές κι αν το δω. Τελικά, η νύχτα αρχίζει να πέφτει και τα **λαμπερά** φώτα αρχίζουν να εμφανίζονται στο βάθος- πλησιάζουμε τώρα. Σύντομα, μπαίνουμε στο σταθμό και σταματάμε. Καθώς οι επιβάτες αρχίζουν να αποβιβάζονται, δεν μπορώ παρά να **σκεφτώ** ότι τα τρένα ήταν πάντα ένα τόσο σημαντικό κομμάτι της ζωής μου. Με έχουν πάει σε τόσες πολλές περιπέτειες, πραγματικές και **φανταστικές**, και γι' αυτό θα είμαι για πάντα ευγνώμων.

cerca del Ayuntamiento que dice "¡Bienvenidos a bordo!". Parece que esta pequeña ciudad nos ha estado esperando, a pesar de que sólo somos un tren de **pasajeros** ordinario que pasa por aquí de camino a otro lugar. Mientras dejamos atrás la ciudad una vez más, avanzando hacia quién sabe dónde, sonrío al ver todas las caras amistosas que se despiden desde esas pequeñas casas enclavadas entre **los campos de cultivo;** es realmente increíble cómo algo tan aparentemente ordinario puede traer tanta alegría simplemente por pasar. Y luego, por supuesto, están los **niños.**

Me asomo a la ventana de mi locomotora. Siempre me hacen sentir muy feliz con sus ojos brillantes y sus grandes sonrisas. Les devuelvo el saludo con energía antes de volver a mi **cabina** y tomar asiento. Ya ha sido un día muy largo, pero aún no ha terminado; todavía faltan algunas horas para llegar a nuestro **destino final.** Saco mi libro y empiezo a leer, dejando que el rítmico balanceo del tren me adormezca. De vez en cuando levanto la vista para ver el paisaje que pasa por el exterior; nunca pasa de moda, no importa cuántas veces lo vea. Finalmente, la noche empieza a caer y las luces **parpadeantes** comienzan a aparecer en la distancia; nos estamos acercando. Pronto entramos en la estación y nos detenemos. Mientras los pasajeros empiezan a desembarcar, no puedo evitar **reflexionar** sobre cómo los trenes han sido siempre una parte tan importante de mi vida. Me han llevado a muchas aventuras, tanto reales como **imaginarias**, y por ello les estaré siempre agradecido.

Ερωτήσεις

1. Πού πηγαίνει το τρένο;

2. Ποιος ταξιδεύει με το τρένο;

3. Πότε φεύγει το τρένο;

4. Πώς επιβιβάζεται ο πρωταγωνιστής στο τρένο;

5. Από πού έρχεται το τρένο;

6. Πού πηγαίνει το τρένο μετά;

7. Πότε έφτασαν οι επιβάτες;

8. Πώς αισθάνεται ο πρωταγωνιστής όταν χάνει το τρένο;

9. Πώς αντιδρά ο οδηγός του τρένου όταν βλέπει τον πρωταγωνιστή;

10. Γιατί στον πρωταγωνιστή αρέσουν τα τρένα;

Preguntas de comprensión

1. ¿Adónde va el tren?

2. ¿Quién viaja en el tren?

3. ¿Cuándo sale el tren?

4. ¿Cómo sube el protagonista al tren?

5. ¿De dónde viene el tren?

6. ¿A dónde va el tren después?

7. ¿Cuándo llegaron los pasajeros?

8. ¿Cómo se siente el protagonista cuando pierde el tren?

9. ¿Cómo reacciona el conductor del tren cuando ve al protagonista?

10. ¿Por qué le gustan los trenes al protagonista?

Μαγείρεμα δείπνο

Είναι 5 το απόγευμα και γυρίζω με τα πόδια από τη δουλειά. **Ανυπομονώ** να περάσω ένα ήρεμο βράδυ στο σπίτι με τον σύντροφό μου. Θα μαγειρέψουμε μαζί δείπνο και μετά θα χαλαρώσουμε για το υπόλοιπο της νύχτας. Νιώθω καλά που ξέρω ότι δεν έχω σχέδια ή υποχρεώσεις αυτό το **βράδυ**. Φτάνω στο σπίτι και ο σύντροφός μου είναι ήδη στην κουζίνα, αρχίζοντας να ετοιμάζει το δείπνο μας. Μυρίζει **καταπληκτικά** εδώ μέσα! Συζητάμε καθώς μαγειρεύουμε, ενημερώνοντας ο ένας τον άλλον για τις μέρες του και μοιραζόμαστε μικρές ιστορίες από τη ζωή μας στη δουλειά. Η κουζίνα είναι το αγαπημένο μου δωμάτιο στο διαμέρισμά μας. Λατρεύω να μαγειρεύω και ιδιαίτερα λατρεύω να μαγειρεύω με τον σύντροφό μου. Πάντα περνάμε τόσο καλά εδώ μέσα, γελώντας και αστειευόμενοι ενώ μαγειρεύουμε σαν καταιγίδα. Επιπλέον, το φαγητό είναι πάντα **απίστευτο** όταν δουλεύουμε **μαζί**.

Απόψε, θα φτιάξουμε μια από τις αγαπημένες μου συνταγές: **κοτόπουλο** παρμεζάνα. Ο σύντροφός μου ξεκινάει παναρίθοντας το κοτόπουλο, ενώ εγώ βάζω τη σάλτσα να σιγοβράζει στη **φωτιά**. Δουλεύουμε μαζί σαν μια καλολαδωμένη μηχανή, και σε λίγο το δείπνο είναι έτοιμο για σερβίρισμα. Καθόμαστε στο μικρό τραπέζι της κουζίνας μας με τα **πιάτα** γεμάτα με κοτόπουλο παρμεζάνα, ζυμαρικά και σαλάτα. Τσουγκρίζουμε τα ποτήρια και παίρνουμε την πρώτη μας μπουκιά - και είναι **παραδεισένιο**! Το κοτόπουλο είναι τραγανό απ' έξω αλλά ζουμερό από μέσα, η σάλτσα είναι γευστική

Cocinar la cena

Son las 5 de la tarde y estoy volviendo a casa desde el trabajo. Estoy **deseando pasar** una noche tranquila en casa con mi pareja. Prepararemos la cena juntos y luego nos relajaremos el resto de la noche. Me siento bien al saber que no tengo ningún plan ni obligación esta **noche**. Llego a casa y mi pareja ya está en la cocina, empezando a preparar nuestra cena. Huele **de maravilla**. Charlamos mientras cocinamos, poniéndonos al día y compartiendo pequeñas historias de nuestras vidas laborales. La cocina es mi habitación favorita de nuestro apartamento. Me encanta cocinar, y sobre todo cocinar con mi pareja. Siempre nos lo pasamos muy bien aquí, riendo y bromeando mientras cocinamos. Además, la comida siempre es **increíble** cuando trabajamos **juntos**.

Esta noche vamos a preparar una de mis recetas favoritas: **pollo** a la parmesana. Mi compañero empieza a empanar el pollo mientras yo pongo la salsa a hervir a **fuego** lento. Trabajamos juntos como una máquina bien engrasada y, en poco tiempo, la cena está lista para servir. Nos sentamos en nuestra pequeña mesa de cocina con **platos llenos** de pollo a la parmesana, pasta y ensalada. Brindamos por los vasos y damos el primer bocado, ¡y es **celestial**! El pollo está crujiente por fuera pero jugoso por dentro; la salsa es sabrosa y perfecta; la pasta está

και τέλεια, τα ζυμαρικά είναι μαγειρεμένα al dente...
όλα έχουν απολύτως τέλεια γεύση απόψε. Ξέρουμε και
οι δύο ότι αυτή ήταν μια από εκείνες τις βραδιές που
όλα συνδυάστηκαν τέλεια, καθώς **απολαμβάνουμε** και
την τελευταία μπουκιά του νόστιμου γεύματός μας. Η
γεύση του ήταν ακόμα καλύτερη απ' ό,τι μύριζε - που
ήταν πολύ καλή! Τελειώνουμε το γεύμα μας σχετικά
γρήγορα, καθώς κανένας από τους δυο μας δεν πεινάει
ιδιαίτερα σήμερα, αλλά παίρνουμε το χρόνο μας
απολαμβάνοντας μερικά ακόμη **ποτήρια** κρασί, ενώ
συζητάμε ελαφρά τη καρδία για το ένα και το άλλο θέμα.
Μετά το δείπνο, καθαρίζουμε γρήγορα μαζί και στη
συνέχεια μεταφερόμαστε στο σαλόνι, όπου περνάμε
λίγη ώρα **αγκαλιά** στον καναπέ βλέποντας τηλεόραση.

Είναι τόσο ωραίο να είμαστε κοντά ο ένας στον
άλλον μετά από μια κουραστική μέρα **εργασίας**.
Αισθάνομαι ικανοποιημένος. Παρόλο που δεν είχαμε
μια περιπετειώδη βραδιά, ήταν ωραίο να περάσουμε
λίγο χρόνο μαζί χωρίς να χρειαστεί να βγούμε από το
σπίτι. Είδαμε μια ταινία και πέσαμε νωρίς για ύπνο,
νιώθοντας **ικανοποιημένοι** με την απλή μας βραδιά.
Αυτό έχει γίνει ένα από τα **αγαπημένα** μας πράγματα
που κάνουμε τις νύχτες που δεν θέλουμε να βγούμε
έξω - απλά χαλαρώνουμε στο σπίτι και απολαμβάνουμε
ο ένας την παρέα του άλλου με ένα σπιτικό γεύμα.
Είναι πάντα ωραίο να ξέρουμε ότι μπορούμε να
επιστρέψουμε εδώ μετά από μια κουραστική μέρα και
να είμαστε ο εαυτός μας. **Τελικά**, αρχίζουμε και οι δύο
να χασμουριόμαστε, οπότε αποφασίζουμε να πάμε
επάνω στο κρεβάτι, όπου διαβάζουμε για λίγο πριν
αγκαλιαστούμε σφιχτά κάτω από τα σκεπάσματα και
κοιμηθούμε βαθιά.

cocida al dente... todo sabe absolutamente perfecto esta noche. Los dos sabemos que esta fue una de esas noches en las que todo salió a la perfección mientras **saboreamos** hasta el último bocado de nuestra deliciosa comida. Sabía incluso mejor de lo que olía, ¡que era muy bueno! Terminamos la comida relativamente rápido, ya que ninguno de los dos tiene especial hambre hoy, pero nos tomamos nuestro tiempo para disfrutar de unas cuantas **copas** de vino más mientras charlamos ligeramente sobre este y aquel tema. Después de la cena, limpiamos juntos rápidamente y nos trasladamos al salón, donde pasamos un rato **acurrucados** en el sofá mientras vemos la televisión.

Es tan agradable estar cerca el uno del otro después de un largo día **de trabajo** separados. Me siento satisfecha. Aunque no hemos tenido una noche agitada, ha sido agradable pasar un rato juntos sin tener que salir de casa. Vimos una película y nos fuimos a la cama temprano, **satisfechos** de nuestra sencilla noche. Esto se ha convertido en una de nuestras actividades **favoritas** en las noches en las que no queremos salir: relajarnos en casa y disfrutar de la compañía del otro con una comida casera. Siempre es agradable saber que podemos volver aquí después de un largo día y ser nosotros mismos. Al **final**, los dos empezamos a bostezar, así que decidimos subir a la cama, donde leemos un rato antes de acurrucarnos bajo las sábanas y quedarnos profundamente dormidos.

Ερωτήσεις

1. Από πού προέρχεται ο αφηγητής;

2. Τι κάνει ο αφηγητής μετά τη δουλειά;

3. Τι τρώει ο αφηγητής για δείπνο;

4. Γιατί αρέσει στον αφηγητή η κουζίνα;

5. Τι είδους πιάτο μαγειρεύει το ζευγάρι;

6. Πώς αισθάνεται ο αφηγητής στο τέλος της βραδιάς;

7. Ποιο είναι το αγαπημένο πράγμα που κάνει το ζευγάρι;

8. Τι κάνει το ζευγάρι όταν κουράζεται;

9. Πού κοιμούνται;

10. Γιατί αρέσει στον αφηγητή να μένει στο σπίτι;

Preguntas de comprensión

1. ¿De dónde viene el narrador?

2. ¿Qué hace el narrador después del trabajo?

3. ¿Qué come el narrador en la cena?

4. Por qué le gusta la cocina al narrador?

5. ¿Qué tipo de plato cocina la pareja?

6. Cómo se siente el narrador al final de la velada?

7. ¿Qué es lo que más le gusta hacer a la pareja?

8. ¿Qué hace la pareja cuando se cansa?

9. ¿Dónde duermen?

10. ¿Por qué al narrador le gusta quedarse en casa?

Περπατώντας στο σπίτι

Ήταν μια **ήσυχη** νύχτα καθώς γύριζα σπίτι από τη δουλειά. Καθώς περπατούσα, δεν μπορούσα παρά να χαμογελάσω με τις αναμνήσεις. Ένιωθα όμορφα που επέστρεφα στην παλιά μου γειτονιά. Χαιρέτησα μερικούς ανθρώπους που γνώριζα και μου χαιρέτησαν κι εκείνοι. Ήταν ωραίο να βρίσκομαι στο σπίτι μου. Πέρασα από το παλιό μου σχολείο και **θυμήθηκα** όλες τις καλές στιγμές που πέρασα με τους φίλους μου. Περπατούσαμε πάντα μαζί στο σπίτι και μιλούσαμε για τη μέρα μας. **Μερικές φορές** σταματούσαμε για παγωτό ή πηγαίναμε στο πάρκο. Αυτές ήταν οι καλύτερες στιγμές. Μου λείπουν αυτές οι στιγμές. Αλλά τώρα έχω τη δική μου οικογένεια και είμαι ευτυχισμένη με τη ζωή μου. Χαίρομαι που μπορώ να αναπολώ αυτές τις αναμνήσεις και να χαμογελάω. Είναι ένα κομμάτι της ζωής μου που θα αγαπώ πάντα. Αυτές ήταν οι καλύτερες στιγμές. Μου λείπουν αυτές οι στιγμές. Αλλά τώρα έχω τη δική μου οικογένεια και είμαι ευτυχισμένη με τη ζωή μου. Χαίρομαι που μπορώ να αναπολώ αυτές τις **αναμνήσεις** και να χαμογελάω. Είναι ένα κομμάτι της ζωής μου που θα αγαπώ πάντα.

Συνεχίζω να περπατάω, σκεπτόμενος τις καλές στιγμές που πέρασα με τους φίλους μου. Ξέρω ότι θα τους ξαναδώ σύντομα. Κατευθύνομαι προς το σπίτι μου και αποφασίζω να περπατήσω σε ένα κοντινό πάρκο. Ο ήλιος δύει και ο ουρανός έχει πάρει ένα **όμορφο** πορτοκαλί χρώμα. Το πάρκο είναι άδειο, εκτός από μερικά πουλιά που κελαηδούν στα δέντρα. Παίρνω μια βαθιά **ανάσα** και χαμογελάω. Καθώς περπατάω μέσα στο πάρκο,

Caminando a casa

Era una noche **tranquila mientras volvía** a casa desde el trabajo. Mientras caminaba, no pude evitar sonreír ante los recuerdos. Me sentí bien al volver a mi antiguo barrio. Saludé a algunos conocidos y ellos me devolvieron el saludo. Era bueno estar en casa. Pasé por delante de mi antigua escuela y **recordé** todos los buenos momentos que pasé con mis amigos. Siempre íbamos juntos a casa y hablábamos de nuestro día. **A veces** nos parábamos a tomar un helado o íbamos al parque. Eran los mejores momentos. Echo de menos esos momentos. Pero ahora tengo mi propia familia y soy feliz con mi vida. Me alegro de poder recordar esos momentos y sonreír. Son una parte de mi vida que siempre apreciaré. Fueron los mejores tiempos. Echo de menos esos tiempos. Pero ahora tengo mi propia familia y soy feliz con mi vida. Me alegro de poder mirar atrás a esos **recuerdos** y sonreír. Son una parte de mi vida que siempre apreciaré.

Sigo caminando, pensando en los buenos momentos que pasé con mis amigos. Sé que los volveré a ver pronto. Me dirijo hacia mi casa y decido pasear por un parque cercano. El sol se está poniendo y el cielo se está volviendo de un **hermoso color** naranja. El parque está vacío, a excepción de algunos pájaros que cantan en los árboles. **Respiro** profundamente y sonrío.

βλέπω ένα πεφταστέρι να διαγράφει τον ουρανό. Έκανα μια ευχή σε αυτό το αστέρι και συνέχισα να περπατάω. Σκέφτομαι τη μέρα μου στη δουλειά και πόσο **γαλήνια** ήταν. Χαμογελάω στον εαυτό μου, σκεπτόμενος πόσο τυχερή είμαι που έχω μια τόσο καλή δουλειά. Περπατάω στο σπίτι, **νιώθοντας** τον δροσερό νυχτερινό αέρα στο δέρμα μου. Νιώθω τόσο ζωντανή και ευτυχισμένη, απολαμβάνοντας την απλή πράξη του να περπατάω στο σπίτι μου μια ήσυχη νύχτα.

Ένιωσα τόσο καλά, που άρχισα να **σφυρίζω**. Προσπέρασα μερικούς ανθρώπους στο δρόμο, αλλά όλοι κοιτούσαν τη δουλειά τους.

Γύρισα στη γωνία του δρόμου μου και είδα τη γάτα του γείτονά μου, τον κύριο Whiskers, να κάθεται στη βεράντα μου. Τον χαιρέτησα και μου νιαούρισε κι εκείνος. **Ξεκλείδωσα την** πόρτα μου και μπήκα μέσα. Ήμουν τόσο χαρούμενη που ήμουν σπίτι. Έβγαλα τα παπούτσια μου και ετοιμάστηκα για ύπνο. Πήγα για ύπνο εκείνο το βράδυ νιώθοντας ευτυχισμένη και ευγνώμων, με την καρδιά μου γεμάτη αγάπη. Κοιμήθηκα ήσυχα όλη τη νύχτα, χωρίς να ανησυχώ για τίποτα. Ξύπνησα από έναν ξεκούραστο ύπνο και με **υποδέχτηκε** ο ήλιος που έλαμπε μέσα από το παράθυρό μου. Σηκώθηκα από το κρεβάτι και τεντώθηκα, πήρα μια βαθιά ανάσα και ένιωσα τον δροσερό αέρα να γεμίζει τα πνευμόνια μου. Πήγα στο παράθυρό μου και κοίταξα έξω, ακούγοντας τα πουλιά να κελαηδούν και τους **σκίουρους να** παίζουν. Χαμογέλασα και πήγα να ντυθώ, νιώθοντας ευτυχισμένη και ικανοποιημένη. Πέρασα μια υπέροχη μέρα, περνώντας χρόνο με τους **φίλους** και την οικογένειά μου. Γέλασα και αστειεύτηκα και απλά **διασκέδασα**.

Mientras camino por el parque, veo una estrella fugaz que atraviesa el cielo. Pido un deseo a esa estrella y sigo caminando. Pienso en mi día de trabajo y en lo **tranquilo que** ha sido. Sonrío para mis adentros, pensando en la suerte que tengo de tener un trabajo tan bueno. Vuelvo a casa, **sintiendo** el aire fresco de la noche en mi piel. Me siento tan viva y feliz, disfrutando del simple hecho de volver a casa en una noche tranquila.

Me sentí tan bien que empecé a **silbar**. Pasé por delante de algunas personas en la calle, pero todas estaban ocupadas en sus propios asuntos.

Doblé la esquina de mi calle y vi al gato de mi vecino, el Sr. Bigotes, sentado en mi porche. Le saludé y me devolvió el maullido. **Abrí** la puerta y entré. Estaba muy contenta de estar en casa. Me quité los zapatos y me preparé para ir a la cama. Esa noche me acosté feliz y agradecida, con el corazón lleno de amor. Dormí profundamente toda la noche, sin preocuparme por nada. Me desperté de un sueño reparador y **me recibió** el sol que entraba por la ventana. Me levanté de la cama y me estiré, respirando profundamente y sintiendo cómo el aire fresco llenaba mis pulmones. Me acerqué a la ventana y miré hacia fuera, escuchando el piar de los pájaros y el juego de **las ardillas**. Sonreí y fui a vestirme, sintiéndome feliz y contenta. He pasado un día estupendo, pasando tiempo con mis **amigos** y mi familia. Me reí, bromeé y me **divertí**.

Ερωτήσεις

1. Τι έκανε ο πρωταγωνιστής όταν ξεκίνησε η ιστορία;

2. Τι σκέφτηκε ο πρωταγωνιστής όταν περπατούσε στο σπίτι του;

3. Τι συνήθιζε να κάνει ο πρωταγωνιστής με τους φίλους του μετά το σχολείο;

4. Τι λείπει στον πρωταγωνιστή από εκείνες τις εποχές;

5. Τι σκέφτεται ο πρωταγωνιστής για την τρέχουσα ζωή του;

6. Τι κάνει ο πρωταγωνιστής όταν βλέπει ένα πεφταστέρι;

7. Πώς αισθάνεται ο πρωταγωνιστής όταν περπατάει στο σπίτι του;

8. Τι κάνει ο πρωταγωνιστής όταν επιστρέφει στο σπίτι;

9. Πώς αισθάνεται ο πρωταγωνιστής όταν ξυπνάει το επόμενο πρωί;

Preguntas de comprensión

1. ¿Qué hacía el protagonista cuando empezó la historia?

2. En qué pensaba el protagonista cuando volvía a casa?

3. Qué solía hacer el protagonista con sus amigos después del colegio?

4. Qué echa de menos el protagonista de aquellos tiempos?

5. Qué piensa el protagonista de su vida actual?

6. Qué hace el protagonista cuando ve una estrella fugaz?

7. Cómo se siente el protagonista cuando camina hacia su casa?

8. Qué hace el protagonista cuando llega a su casa?

9. ¿Cómo se siente el protagonista cuando se despierta a la mañana siguiente?

Το κάστρο

Η οικογένεια ήθελε πάντα να επισκεφθεί ένα παλιό κάστρο στη **Γερμανία** και τελικά πραγματοποίησαν το ταξίδι. Δεν **απογοητεύτηκαν**. Το κάστρο ήταν πανέμορφο και τους άρεσε να εξερευνούν τα πολλά δωμάτια και τους διαδρόμους του. Το πρώτο πράγμα που τους έκανε εντύπωση ήταν η μυρωδιά. Βρήκαν **μούχλα**, υγρασία και κάτι άλλο που δεν μπορούσαν να προσδιορίσουν. Το δεύτερο πράγμα ήταν ο ήχος. Οι πέτρινοι τοίχοι είναι χοντροί, αλλά δεν αποσβένουν εντελώς τον ήχο. Άκουσαν κάθε βήμα, κάθε λέξη που ειπώθηκε με κανονική φωνή και το περιστασιακό στάξιμο νερού **κάπου στο** βάθος. Καθώς τα μάτια τους προσαρμόστηκαν στο αμυδρό φως, είδαν ογκώδεις πέτρινους τοίχους να ξεπροβάλλουν γύρω τους, με ταπισερί να κρέμονται από αυτούς σε **σκισμένα** κομμάτια. Στεκόντουσαν σε μια τεράστια αίθουσα με ψηλή οροφή που υποστηριζόταν από σκαλιστούς κίονες. Τους άρεσε επίσης η θέα από τους πυργίσκους, και τα παιδιά πέρασαν υπέροχα τρέχοντας στους χώρους. Ο **ήλιος** είχε αρχίσει να δύει όταν τελείωσαν την εξερεύνηση του κάστρου και μετάνιωσαν που δεν είχαν φέρει **φακό**. Αποφάσισαν να επιστρέψουν στην είσοδο, αλλά σύντομα βρέθηκαν χαμένοι. Περιπλανήθηκαν για ώρες, ώσπου τελικά βρήκαν μια πόρτα που οδηγούσε έξω. Συνέχισαν μέχρι που **έφτασαν** στο τέλος του διαδρόμου και έφτασαν σε μια επιβλητική διπλή πόρτα. Όσο κι αν προσπαθούσαν, οι πόρτες δεν μετακινούνταν. Χτυπούσαν **απειλητικά**, αλλά δεν κουνιόντουσαν ούτε εκατοστό. Φαινόταν ότι όποιος ήταν εδώ πριν, πρέπει να πέρασε από εδώ και να τις κλείδωσε από μέσα. Τελικά, βρίσκουν μια διέξοδο. Η ανακούφιση τους κατέκλυσε καθώς βγήκαν στον δροσερό νυχτερινό αέρα.

Ο ήλιος είχε αρχίσει να δύει και **μετάνιωσαν** που δεν είχαν φέρει φακό. Αποφάσισαν να επιστρέψουν στην είσοδο, αλλά

El castillo

La familia siempre había querido visitar un antiguo castillo en **Alemania,** y finalmente hicieron el viaje. No **les decepcionó**. El castillo era precioso y disfrutaron explorando sus numerosas habitaciones y pasillos. Lo primero que les llamó la atención fue el olor. Encontraron **moho**, humedad y algo más que no pudieron determinar. Lo segundo fue el sonido. Las paredes de piedra son gruesas, pero no amortiguan el sonido por completo. Oyeron cada paso, cada palabra pronunciada con voz normal y el ocasional goteo de agua en **algún lugar** de la distancia. Cuando sus ojos se adaptaron a la escasa luz, vieron que a su alrededor se alzaban enormes muros de piedra, de los que colgaban tapices **hechos jirones**. Se encontraban en un enorme salón con un alto techo sostenido por pilares tallados. También les encantaron las vistas desde las torretas, y los niños se lo pasaron en grande corriendo por el recinto. El **sol** había empezado a ponerse cuando terminaron de explorar el castillo, y lamentaron no haber traído una **linterna**. Decidieron volver a la entrada, pero pronto se perdieron. Estuvieron dando vueltas durante horas, hasta que finalmente dieron con una puerta que conducía al exterior. Continuaron hasta **llegar** al final del pasillo y se encontraron con un imponente conjunto de puertas dobles. Por mucho que lo intenten, las puertas no se mueven. Traquetean **siniestramente** pero no se mueven ni un centímetro. Parece que quienquiera que haya estado aquí antes debe haber pasado por aquí y haberlas cerrado desde dentro. Finalmente, encuentran una salida. El alivio los invade cuando salen al aire fresco de la noche.

El sol empezaba a ponerse y **lamentaron no haber** traído

σύντομα βρέθηκαν χαμένοι. Περιπλανήθηκαν για ώρες, ώσπου τελικά βρήκαν μια πόρτα που οδηγούσε **έξω**. Η ανακούφιση τους κατέκλυσε καθώς βγήκαν στον δροσερό νυχτερινό αέρα. Το επόμενο βράδυ, φρόντισαν να πάρουν μαζί τους έναν φακό καθώς εξερευνούσαν το υπόλοιπο κάστρο. Περπάτησαν μέσα από την **αυλή** και κατέβηκαν στο ποτάμι που έτρεχε πίσω από τα τείχη του **κάστρου.** Καθώς περπατούσαν τριγύρω, άρχισαν να ακούν παράξενους θορύβους. Ακουγόταν σαν κάποιος να τους ακολουθούσε. Επιτάχυναν το βηματισμό τους, αλλά οι θόρυβοι γίνονταν όλο και πιο δυνατοί και πλησίαζαν. Η οικογένεια έτρεξε πίσω στο κάστρο όσο πιο γρήγορα μπορούσε, και ανακουφίστηκαν όταν είδαν ότι η φιγούρα με τον **σκοτεινό** μανδύα δεν τους είχε ακολουθήσει.

Γύρισαν στο δωμάτιό τους και προσπάθησαν να ξεχάσουν αυτό που είχε συμβεί, αλλά δεν μπορούσαν να απαλλαγούν από την αίσθηση ότι κάτι τους παρακολουθούσε από τις σκιές. Μόλις μπήκαν μέσα, **οχύρωσαν τις** πόρτες και τα παράθυρα και κάλεσαν την αστυνομία. Ήταν μια μακρά νύχτα, αλλά τελικά η αστυνομία έφτασε και συνέλαβε τη φιγούρα. Αργότερα ανακάλυψαν ότι επρόκειτο απλώς για έναν ντόπιο άνδρα που ήταν γνωστό ότι μεταμφιέζεται και τρομάζει τους ανθρώπους. Το έκανε για χρόνια και ήταν απλώς μια **ακίνδυνη** φάρσα. Ωστόσο, αυτή τη φορά το παράκανε και τρόμαξε λάθος ανθρώπους. Η αστυνομία τον συνέλαβε και του απήγγειλε κατηγορίες για καταπάτηση και διατάραξη της ειρήνης. Ο άνδρας **καταδικάστηκε** σε κοινωνική εργασία και διατάχθηκε να μείνει μακριά από τη γειτονιά όπου είχε τρομάξει τους ανθρώπους. Συμμορφώθηκε με τη διαταγή και σταμάτησε να ντύνεται και να **τρομάζει** τον κόσμο. Η οικογένεια **ανακουφίστηκε** που επρόκειτο απλώς για έναν ντόπιο άνδρα και όχι για φάντασμα ή τέρας. Ευχαρίστησαν την αστυνομία για τη βοήθειά της και επέστρεψαν στο δωμάτιο του ξενοδοχείου τους.

una linterna. Decidieron volver a la entrada, pero pronto se perdieron. Estuvieron dando vueltas durante horas, hasta que finalmente dieron con una puerta que daba **al exterior**. El alivio los invadió cuando salieron al aire fresco de la noche. A la noche siguiente, se aseguraron de llevar una linterna para explorar el resto del castillo. Atravesaron el **patio** y bajaron hasta el río que corría detrás de los muros del castillo. Mientras caminaban, empezaron a oír ruidos extraños. Parecía que alguien les seguía. Aceleraron el paso, pero los ruidos eran cada vez más fuertes y cercanos. La familia corrió de vuelta al castillo tan rápido como pudo, y se sintió aliviada al ver que la figura de la capa **oscura** no les había seguido.

Volvieron a su habitación y trataron de olvidar lo sucedido, pero no pudieron quitarse de encima la sensación de que algo les observaba desde las sombras. Una vez dentro, **pusieron barricadas** en las puertas y ventanas y llamaron a la policía. La noche fue larga, pero finalmente la policía llegó y detuvo a la figura. Más tarde descubrieron que se trataba de un hombre de la zona conocido por disfrazarse y asustar a la gente. Llevaba años haciéndolo y no era más que una broma **inofensiva**. Sin embargo, esta vez fue demasiado lejos y asustó a la gente equivocada. La policía le detuvo y le acusó de allanamiento y alteración del orden público. El hombre fue **condenado** a realizar trabajos comunitarios y se le ordenó que se mantuviera alejado del barrio donde había asustado a la gente. Cumplió la orden y dejó de disfrazarse y **asustar a** la gente. La familia se sintió **aliviada** al saber que se trataba de un hombre del barrio y no de un fantasma o un monstruo. Agradecieron a la policía su ayuda y volvieron a su habitación de hotel.

Ερωτήσεις

1. Τι έκανε η οικογένεια όταν χάθηκε στο κάστρο;

2. Πώς αισθάνθηκε η οικογένεια όταν έμαθε ότι επρόκειτο για έναν ντόπιο;

3. Τι έκανε ο άνδρας και συνελήφθη;

4. Ποια ήταν η ποινή για τον άνδρα;

5. Τι θόρυβο άκουσε η οικογένεια ενώ περπατούσε;

6. Πού βρισκόταν η φιγούρα με τον σκοτεινό μανδύα όταν τον είδε η οικογένεια;

7. Τι έκανε η οικογένεια όταν επέστρεψε στο δωμάτιό της;

8. Πότε η οικογένεια πήγε να εξερευνήσει ξανά το κάστρο;

9. Τι ήταν αυτό που η οικογένεια δεν μπορούσε να προσδιορίσει;

Preguntas de comprensión

1. ¿Qué hizo la familia cuando se perdió en el castillo?

2. Cómo se sintió la familia cuando descubrieron que era sólo un hombre del lugar?

3. ¿Qué hizo el hombre para que lo arrestaran?

4. Cuál fue la sentencia para el hombre?

5. Qué ruido escuchó la familia mientras caminaba?

6. Dónde estaba la figura de la capa oscura cuando la familia lo vio?

7. Qué hizo la familia al volver a su habitación?

8. ¿Cuándo volvió la familia a explorar el castillo?

9. ¿Qué era lo que la familia no podía identificar?

Ο κήπος μου

Ο κήπος μου είναι το ευτυχισμένο μου μέρος. Βγαίνω εκεί έξω κάθε μέρα, είτε βρέχει είτε βρέχει, και περνάω χρόνο φροντίζοντας τα φυτά μου. Έχω λίγο απ' **όλα - λαχανικά**, φρούτα, λουλούδια, βότανα. Έχω ακόμη και μερικές κότες που βοηθούν να κρατήσω τα παράσιτα μακριά. Ξεκινάω τις μέρες μου στον κήπο μαζεύοντας αυγά από τις κότες. Στη συνέχεια ελέγχω τα λαχανικά μου, φροντίζοντας να έχουν αρκετό νερό και ήλιο. Ξεχορταριάζω τα παρτέρια και απομακρύνω τυχόν ζωύφια που μπορεί να **προσβάλλουν** τα φυτά. Μόλις **τακτοποιηθούν όλα**, κάθομαι και απολαμβάνω την ηρεμία και την ησυχία της φύσης.

Πάντα μου άρεσε να περνάω χρόνο στον κήπο μου. Υπάρχει κάτι στο να είσαι περιτριγυρισμένος από τη φύση και όλη την **ομορφιά** που έχει να σου προσφέρει. Θεωρώ ότι είναι ένα πολύ γαλήνιο και ηρεμιστικό μέρος. Συχνά περνάω χρόνο στον κήπο μου χαλαρώνοντας και απολαμβάνοντας το τοπίο. Μου αρέσει επίσης να εργάζομαι στον κήπο μου και να καλλιεργώ πράγματα. Έχω έναν αρκετά μεγάλο κήπο και μου αρέσει να καλλιεργώ **διάφορα πράγματα** σε αυτόν. Καλλιεργώ λουλούδια, **λαχανικά** και βότανα. Έχω επίσης μερικά οπωροφόρα δέντρα που παράγουν νόστιμα μήλα, αχλάδια και δαμάσκηνα. Εκτός από την καλλιέργεια,

Mi jardín

Mi jardín es mi lugar feliz. Salgo todos los días, llueva o haga sol, y me dedico a cuidar mis plantas. Tengo un poco de **todo: verduras**, frutas, flores y hierbas. Incluso tengo unas cuantas gallinas que me ayudan a mantener a raya las plagas. Empiezo mis días en el jardín recogiendo los huevos de las gallinas. Luego compruebo que las verduras reciben suficiente agua y sol. Deshierbo los parterres y elimino los bichos que puedan estar **atacando** las plantas. Una vez que **todo** está resuelto, me siento a disfrutar de la paz y la tranquilidad de la naturaleza.

Siempre me ha gustado pasar tiempo en mi jardín. Hay algo en estar rodeado de la naturaleza y de toda la **belleza que** ofrece. Me parece un lugar muy tranquilo y calmado. A menudo paso tiempo en mi jardín relajándome y disfrutando del paisaje. También me gusta trabajar en mi jardín y cultivar cosas. Tengo un jardín bastante grande y me gusta cultivar **diferentes** cosas en él. Cultivo flores, **verduras** y hierbas. También tengo algunos árboles frutales que producen deliciosas manzanas, peras y ciruelas. Además de cultivar cosas, también me gusta pasar tiempo paseando por mi jardín, **admirando todas las** plantas y animales que lo llaman hogar. He pasado muchas horas a lo largo de los años

μου αρέσει επίσης να περνάω χρόνο περπατώντας στον κήπο μου, **θαυμάζοντας** όλα τα διαφορετικά φυτά και ζώα που τον αποκαλούν σπίτι τους. Έχω ξοδέψει πολλές ώρες όλα αυτά τα χρόνια δουλεύοντας για να μετατρέψω τον **κήπο μου σε** ένα μέρος που δεν είναι μόνο όμορφο αλλά και λειτουργικό. Λατρεύω να παρακολουθώ τα πουλιά που πετούν γύρω μου και να τα ακούω να τραγουδούν. Μερικές φορές μάλιστα βγάζω ένα βιβλίο και διαβάζω στον κήπο, ενώ περιβάλλομαι από όλη την ομορφιά που έχω δημιουργήσει. **Η κηπουρική** είναι το πάθος μου και μου προσφέρει τόση χαρά. Κάθε μέρα στον κήπο μου είναι μια καλή μέρα.

Ένα από τα πράγματα που μου αρέσει να κάνω είναι να μαγειρεύω, οπότε το να έχω έναν καλά εφοδιασμένο κήπο με βότανα είναι πολύ **σημαντικό** για μένα. Το θυμάρι, ο βασιλικός, η ρίγανη, το δεντρολίβανο, το φασκόμηλο και η λεβάντα είναι μερικά μόνο από τα βότανα που μου αρέσει να καλλιεργώ στον κήπο μου, ώστε να μπορώ να τα χρησιμοποιώ όταν μαγειρεύω για τον εαυτό μου ή για **τους καλεσμένους μου**. Ένα άλλο πράγμα που είναι σημαντικό για μένα όταν πρόκειται για τον κήπο μου είναι να διασφαλίσω ότι υπάρχει άφθονο χρώμα σε όλο τον κήπο μου. Για να επιτύχω αυτόν τον στόχο, καλλιεργώ μια μεγάλη ποικιλία λουλουδιών, όπως **τριαντάφυλλα**, κρίνα, μαργαρίτες, τουλίπες, impatiens, κατιφέδες κ.λπ.

trabajando para hacer de mi **jardín** un lugar no sólo hermoso sino también funcional. Me encanta ver a los pájaros revolotear y escucharlos cantar. A veces incluso saco un libro y leo en el jardín mientras estoy rodeada de toda la belleza que he creado. **La jardinería** es mi pasión y me da mucha alegría. Cada día en mi jardín es un buen día.

Una de las cosas que me gusta hacer es cocinar, así que tener un jardín de hierbas bien surtido es muy **importante para** mí. El tomillo, la albahaca, el orégano, el romero, la salvia y la lavanda son algunas de las hierbas que me gusta cultivar en mi jardín para poder utilizarlas cuando cocino para mí o para **mis invitados**. Otra cosa importante para mí cuando se trata de mi jardín es asegurarse de que haya mucho color en él. Para conseguirlo, cultivo una gran variedad de flores, como **rosas**, lirios, margaritas, tulipanes, impatiens, caléndulas, etc.

Ερωτήσεις

1. Πού βρίσκεται ο κήπος του συγγραφέα;

2. Πόσες κότες έχει ο συγγραφέας;

3. Τι κάνει ο συγγραφέας στον κήπο κάθε μέρα;

4. Γιατί αρέσει στον συγγραφέα ο κήπος;

5. Ποια βότανα φυτεύει ο συγγραφέας στον κήπο;

6. Γιατί είναι σημαντικό για τον συγγραφέα να υπάρχουν πολλά χρώματα στον κήπο του;

7. Πώς ο συγγραφέας φέρνει ποικιλία στον κήπο του;

8. Πώς αισθάνεται ο συγγραφέας όταν εργάζεται στον κήπο του;

Preguntas de comprensión

1. ¿Dónde está el jardín del autor?

2. ¿Cuántas gallinas tiene el autor?

3. ¿Qué hace el autor en el jardín cada día?

4. Por qué le gusta el jardín al autor?

5. ¿Qué hierbas planta el autor en el jardín?

6. Por qué es importante para el autor que haya muchos colores en su jardín?

7. Cómo aporta el autor variedad a su jardín?

8. Cómo se siente el autor cuando trabaja en su jardín?

Πηγαίνοντας για ψώνια

Μου αρέσει να πηγαίνω για **ψώνια** στο εμπορικό κέντρο. Είναι πάντα πολύ διασκεδαστικό να περπατάς και να κοιτάς όλα τα διαφορετικά καταστήματα. Υπάρχει κάτι για όλους στο εμπορικό κέντρο, και είναι πάντα ένα εξαιρετικό μέρος για να βρεις προσφορές σε ρούχα, παπούτσια και αξεσουάρ. **Συνήθως** ξεκινάω το ταξίδι μου για ψώνια περπατώντας από την κεντρική **είσοδο** του εμπορικού κέντρου. Από εκεί, κατευθύνομαι πρώτα στα αγαπημένα μου καταστήματα. Αφού ρίξω μια ματιά σε αυτά τα καταστήματα, περπατάω τριγύρω και βλέπω αν υπάρχουν εκπτώσεις σε άλλα σημεία. Συνήθως καταλήγω να περνάω μερικές ώρες στο εμπορικό κέντρο πριν κάνω τελικά τις αγορές μου. Μου αρέσει πάντα να παίρνω το χρόνο μου όταν ψωνίζω, **γιατί** θέλω να είμαι σίγουρη ότι παίρνω **ακριβώς** αυτό που θέλω. Επιπλέον, είναι πιο διασκεδαστικό έτσι!

Το βρίσκω πάντα τόσο **συναρπαστικό** να παρατηρώ τον κόσμο όταν βρίσκομαι στο εμπορικό κέντρο. Μπορείς πραγματικά να καταλάβεις πολλά για έναν άνθρωπο από τον τρόπο που ψωνίζει. Μερικοί άνθρωποι είναι πολύ μεθοδικοί και παίρνουν το χρόνο τους, ενώ άλλοι φαίνεται να αρπάζουν **ό,τι** μπορούν και

Ir de compras

Me encanta ir **de compras** al centro comercial. Siempre es muy divertido pasear y ver todas las tiendas. Hay algo para todo el mundo en el centro comercial, y siempre es un buen lugar para encontrar ofertas en ropa, zapatos y accesorios. **Suelo** empezar mis compras por la **entrada** principal del centro comercial. Desde allí, me dirijo primero a mis tiendas favoritas. Después de mirar esas tiendas, me doy una vuelta para ver si hay rebajas en otros sitios. Suelo pasar un par de horas en el centro comercial antes de hacer mis compras. Siempre me gusta tomarme mi tiempo cuando voy de compras **porque** quiero asegurarme de que estoy comprando **exactamente** lo que quiero. Además, así es más divertido.

Siempre me parece **fascinante** observar a la gente mientras estoy en el centro comercial. Se puede saber mucho de una persona por su forma de comprar. Algunas personas son muy metódicas y se toman su tiempo, mientras que otras parecen coger **todo lo que** pueden y dirigirse a la caja lo más rápido posible. También hay compradores que parecen más interesados en hablar por el móvil o enviar mensajes

να κατευθύνονται στο ταμείο όσο πιο γρήγορα γίνεται. Υπάρχουν επίσης και εκείνοι οι αγοραστές που φαίνεται να ενδιαφέρονται περισσότερο να μιλούν στο κινητό τους ή να στέλνουν μηνύματα παρά να κοιτάζουν τα εμπορεύματα! Ανεξάρτητα από το είδος του αγοραστή που είστε, όμως, όλοι φαίνεται να απολαμβάνουν τις αγορές από τις βιτρίνες - ακόμη και αν δεν αγοράζουν τίποτα. Υπάρχει κάτι που με κάνει ευτυχισμένη όταν κοιτάζω όλα τα όμορφα πράγματα στις **βιτρίνες των** καταστημάτων. Μερικές φορές φαντάζομαι πώς θα ήταν αν μπορούσα να αγοράσω **όλα όσα** βλέπω! Εν κατακλείδι, το να περνάω μια μέρα για ψώνια στο εμπορικό κέντρο είναι μια από τις αγαπημένες μου ασχολίες. Είναι ένας πολύ καλός τρόπος για να χαλαρώσετε και να ξεκουραστείτε, ενώ παράλληλα γυμνάζεστε και λίγο (αν περπατάτε αρκετά). Επιπλέον, είναι **πάντα** ωραίο να κάνεις δώρο στον εαυτό σου ένα νέο πουκάμισο ή ένα ζευγάρι παπούτσια κάθε τόσο!

Είχα μια **κουραστική** μέρα στη δουλειά και επιτέλους είχα λίγο χρόνο για τον εαυτό μου, οπότε αποφάσισα να πάω για ψώνια στο εμπορικό κέντρο. Χρειαζόμουν μερικά νέα ρούχα για την **επερχόμενη** σεζόν. Μόλις μπήκα μέσα, είδα όλα τα λαμπερά φώτα και τις γυαλιστερές βιτρίνες των καταστημάτων. Κατευθύνθηκα πρώτα στο αγαπημένο μου κατάστημα και άρχισα να περιηγούμαι στα ράφια. Βρήκα μερικά χαριτωμένα μπλουζάκια και τα δοκίμασα στο δοκιμαστήριο.

de texto que en mirar la mercancía. Sin embargo, sea cual sea el tipo de comprador, a todo el mundo le gusta mirar los escaparates, aunque no compre nada. Hay algo en mirar todas las cosas bonitas de los **escaparates** que me hace feliz. A veces fantaseo con cómo sería si pudiera comprar **todo lo** que veo. En definitiva, pasar un día de compras en el centro comercial es uno de mis pasatiempos favoritos. Es una forma estupenda de relajarse y desconectar al tiempo que se hace un poco de ejercicio (si se camina lo suficiente). Además, **siempre está bien darse un** capricho con una camisa o un par de zapatos nuevos de vez en cuando.

Tuve un **largo** día de trabajo y por fin tuve algo de tiempo para mí, así que decidí ir de compras al centro comercial. Necesitaba ropa nueva para la **próxima** temporada. Nada más entrar, vi todas las luces brillantes y los escaparates relucientes. Me dirigí primero a mi tienda favorita y empecé a mirar los estantes. Encontré unos cuantos tops bonitos y me los probé en el probador.

Ερωτήσεις

1. Πού σας αρέσει να αποθηκεύετε περισσότερο;

2. Ποιο είναι το αγαπημένο σας κατάστημα στο εμπορικό κέντρο;

3. Πόση ώρα μένετε συνήθως στο εμπορικό κέντρο;

4. Τι πιστεύετε για τους ανθρώπους που περνούν πολύ χρόνο στο εμπορικό κέντρο; 5. Ποιο είναι το αγαπημένο σας πράγμα που κάνετε στο εμπορικό κέντρο;

6. Έχετε αγοράσει ποτέ κάτι στο εμπορικό κέντρο ενώ δεν το χρειαζόσασταν πραγματικά;

7. Πώς αντιδράτε όταν βλέπετε στο εμπορικό κέντρο κάτι που θα σας άρεσε πολύ, αλλά είναι πολύ ακριβό;

8. Έχετε δει ποτέ κάτι στο εμπορικό κέντρο και αναρωτηθήκατε ποιος θα το αγόραζε;

Preguntas de comprensión

1. ¿Dónde le gusta más almacenar?

2. ¿Cuál es su tienda favorita en el centro comercial?

3. ¿Cuánto tiempo suele permanecer en el centro comercial?

4. ¿Qué opinas de la gente que pasa mucho tiempo en el centro comercial?

5. ¿Qué es lo que más le gusta hacer en el centro comercial?

6. ¿Has comprado alguna vez algo en el centro comercial cuando realmente no lo necesitabas?

7. ¿Cómo reaccionas cuando ves algo en el centro comercial que te gustaría mucho, pero es demasiado caro?

8. ¿Has visto alguna vez algo en el centro comercial y te has preguntado quién lo compraría?

Στην αγορά

Ξυπνάω νωρίς το πρωί του Σαββάτου, ανυπομονώντας να πάω στην **αγορά** πριν γίνει πολύς κόσμος. Φοράω μερικά ρούχα και βγαίνω από την πόρτα, παίρνοντας τις επαναχρησιμοποιούμενες τσάντες μου στο δρόμο. Καθώς περπατάω, αρχίζω να σχεδιάζω τι θέλω να φτιάξω για την εβδομάδα που έρχεται. Ξέρω ότι θέλω να **ψήσω** λαχανικά τουλάχιστον μία φορά, οπότε θα πρέπει να αγοράσω λαχανικά καλής ποιότητας. Θέλω επίσης να φτιάξω μια σούπα ή ένα στιφάδο, οπότε θα πρέπει να πάρω και κρέας. Θα πρέπει να δω τι φαίνεται καλό όταν φτάσω εκεί. Η αγορά είναι μόνο μερικά τετράγωνα μακριά, και μπορώ ήδη να δω τους πάγκους που έχουν στηθεί και τον **κόσμο που** κυκλοφορεί.

Φτάνω στην αγορά και κατευθύνομαι κατευθείαν στον πάγκο με τα λαχανικά. Η ποικιλία είναι πανέμορφη και γεμίζω τις σακούλες μου με μια ποικιλία **φρέσκων** προϊόντων. Κουβεντιάζω για λίγο με τον αγρότη και μου προτείνει μερικές συνταγές. Είμαι ενθουσιασμένη να τις δοκιμάσω. Κουβεντιάζω με τους **αγρότες** καθώς ψωνίζω, γνωρίζοντας τους ίδιους και τα προϊόντα τους. Αφού έχω όλα τα λαχανικά που χρειάζομαι, προχωρώ στο τμήμα κρέατος. Εδώ είμαι λίγο πιο διστακτική, καθώς δεν είμαι σίγουρη για το τι θέλω να πάρω. Τελικά αποφασίζω για το κοτόπουλο, επειδή είναι ευέλικτο

En el mercado

Me levanto temprano el sábado por la mañana, ansiosa por llegar al **mercado** antes de que se llene de gente. Me pongo algo de ropa y salgo por la puerta, cogiendo mis bolsas reutilizables por el camino. Mientras camino, empiezo a planear lo que quiero hacer para la semana que viene. Sé que quiero **asar** verduras al menos una vez, así que tendré que comprar verduras de buena calidad. También quiero hacer una sopa o un guiso, así que también tendré que comprar carne. Tendré que ver qué tiene buena pinta cuando llegue allí. El mercado está a unas pocas manzanas y ya veo los puestos instalados y la **gente** arremolinada.

Llego al mercado y me dirijo directamente al puesto de verduras. La selección es preciosa y lleno mis bolsas con una gran variedad de productos **frescos**. Hablo un rato con el agricultor y me recomienda algunas recetas. Estoy deseando probarlas. Mientras compro, charlo con los **agricultores para** conocerlos a ellos y a sus productos. Cuando tengo todas las verduras que necesito, paso a la sección de carne. Aquí estoy un poco más indecisa, ya que no estoy segura de lo que quiero comprar. Al final me decido por el pollo porque es versátil y se puede utilizar en una gran variedad de platos. También compro varios cortes de carne,

και μπορεί να χρησιμοποιηθεί σε διάφορα πιάτα. Αγοράζω επίσης μερικά διαφορετικά κομμάτια κρέατος, φροντίζοντας να πάρω βοδινό κρέας από βοσκή χόρτου και **κοτόπουλο** ελευθέρας βοσκής. Ο χασάπης ήταν ένας φιλικός άνθρωπος, πάντα χαρούμενος παρά τις πολλές ώρες που δούλευε. Τύλιξε τα στήθη κοτόπουλου και τη μπριζόλα μου πριν μου μιλήσει για τα σχέδια του Σαββατοκύριακου. Τον αποχαιρέτησα και συνέχισα το δρόμο μου. Αγόρασα επίσης μερικά αυγά και τυρί από το τμήμα γαλακτοκομικών προϊόντων.

Η αγορά έσφυζε από κόσμο, όλοι τους ανυπόμονοι να πάρουν στα **χέρια** τους τα φρέσκα προϊόντα και το κρέας που προσφέρονταν. Ο αέρας μύριζε σκόρδο και κρεμμύδια και ο ήχος από τα γέλια και τις συζητήσεις γέμιζε τον αέρα. Περνούσα μέσα από το πλήθος, διαλέγοντας τα υπόλοιπα είδη που χρειαζόμουν για το εβδομαδιαίο μου ψώνιο. Γέμισα το **καλάθι** μου με φρούτα και λαχανικά, ζυμαρικά και ψωμί, πριν κατευθυνθώ προς το ταμείο. Η ουρά ήταν μεγάλη, αλλά προχωρούσε γρήγορα. Τελικά, τα τελευταία **ψώνια** είχαν αγοραστεί και ήταν ώρα να πάω σπίτι. Το αυτοκίνητο φορτώθηκε, και η διαδρομή μέχρι το σπίτι ήταν μακρά και κουραστική. Η κίνηση ήταν έντονη και η ζέστη καταπιεστική. Τελικά, το αυτοκίνητο μπήκε στο δρόμο και η ανακούφιση ήταν αισθητή. Το σπίτι ήταν δροσερό και ήσυχο, και ήταν ένα καταφύγιο μετά τη **φασαρία** της αγοράς.

asegurándome de comprar carne de vaca alimentada con pasto y **pollo** de corral. El carnicero era un hombre amable, siempre alegre a pesar de las largas horas de trabajo. Me envolvió las pechugas de pollo y el filete antes de charlar conmigo sobre sus planes para el fin de semana. Me despedí de él y seguí mi camino. También compré huevos y queso en la sección de productos lácteos.

El mercado bullía de gente, todos ellos ansiosos por hacerse con los productos frescos y la carne que se ofrecían. El aire huele a ajo y cebolla, y el sonido de las risas y las conversaciones llena el ambiente. Me abrí paso entre la multitud, eligiendo los demás artículos que necesitaba para mi compra semanal. Llené mi **cesta** de fruta y verdura, pasta y pan, antes de dirigirme a la caja. La cola era larga, pero avanzaba rápidamente. Por fin, compré los últimos **alimentos** y fue hora de volver a casa. Cargamos el coche y el viaje a casa fue largo y tedioso. El tráfico era intenso y el calor era agobiante. Finalmente, el coche entró en la calzada y el alivio fue palpable. La casa estaba fresca y tranquila, y era un refugio después del **ajetreo** del mercado.

Ερωτήσεις

1. Πού πηγαίνει το άτομο;

2. Τι θέλει να αγοράσει το άτομο;

3. Πόσες τσάντες έχει το άτομο;

4. Πόσο μακριά είναι η αγορά;

5. Τι κάνει το άτομο αυτή τη στιγμή;

6. Τι είναι τα πάντα στην αγορά;

7. Πόσοι άνθρωποι βρίσκονται στην αγορά;

8. Πόσο καιρό χρειάστηκε το άτομο για να αγοράσει τα πάντα;

9. Πώς πήγε το άτομο στο σπίτι του;

Preguntas de comprensión

1. ¿Dónde va la persona?

2. ¿Qué quiere comprar la persona?

3. ¿Cuántas bolsas tiene la persona?

4. ¿A qué distancia está el mercado?

5. ¿Qué está haciendo la persona en este momento?

6. ¿Qué hay de todo en el mercado?

7. ¿Cuántas personas hay en el mercado?

8. ¿Cuánto tiempo tardó la persona en comprar todo?

9. ¿Cómo regresó la persona a su casa?

Σε μια καφετέρια

Ήταν ένα ψυχρό **φθινοπωρινό** πρωινό και είχα κανονίσει να συναντήσω τη φίλη μου τη Lily στην αγαπημένη μας καφετέρια για έναν καφέ. Τυλίχτηκα ζεστά με το παλτό και το κασκόλ μου και ξεκίνησα. Τα φύλλα έπεφταν από τα δέντρα και ο αέρας είχε ένα τσίμπημα, αλλά ο ήλιος έλαμπε και υποσχόταν να είναι μια όμορφη μέρα. Καθώς περπατούσα, **σκεφτόμουν** πόσο καλό ήταν να έχω μια φίλη σαν τη Λίλι. Ήμασταν φίλες εδώ και χρόνια, από τότε που γνωριστήκαμε στο **πανεπιστήμιο**. Μας έδεσε η αγάπη μας για τον καφέ και το να περνάμε χρόνο συζητώντας σε καφετέριες. Παρόλο που πλέον ζούσαμε σε διαφορετικά μέρη της πόλης, εξακολουθούσαμε να συναντιόμαστε για καφέ μια φορά την εβδομάδα. Έφτασα στην καφετέρια και η Lily ήταν ήδη εκεί και με περίμενε. Αγκαλιαστήκαμε για να χαιρετηθούμε και στη συνέχεια παραγγείλαμε τον καφέ μας. Βρήκαμε ένα τραπέζι δίπλα στο παράθυρο και καθίσαμε να κουβεντιάσουμε. Ο **καφές** ήταν υπέροχος, όπως πάντα, και ήταν τόσο ωραίο να τα λέμε με τη Λίλι. Μιλήσαμε για την εβδομάδα μας, τις δουλειές μας και τα σχέδιά μας για το μέλλον. Ήταν πάντα τόσο εύκολο να μιλάς στη Λίλι και ένιωθα ότι μπορούσα να της πω τα πάντα. Μετά από λίγο, αρχίσαμε να πεινάμε και **αποφασίσαμε** να παραγγείλουμε φαγητό.

En una cafetería

Era una fría mañana **de otoño** y había quedado con mi amiga Lily en nuestra cafetería favorita para tomar un café. Me abrigué con mi abrigo y mi bufanda y me puse en marcha. Las hojas se caían de los árboles y el aire era un poco frío, pero el sol brillaba y prometía ser un día precioso. Mientras caminaba, **pensé** en lo bueno que era tener una amiga como Lily. Éramos amigas desde hacía años, desde que nos conocimos en **la universidad**. Nos unía nuestra afición al café y a pasar tiempo charlando en las cafeterías. Aunque ahora vivíamos en zonas distintas de la ciudad, nos las arreglábamos para quedar para tomar un café una vez a la semana. Llegué a la cafetería y Lily ya estaba allí, esperándome. Nos abrazamos y pedimos nuestros cafés. Encontramos una mesa junto a la ventana y nos sentamos a charlar. El **café** estaba delicioso, como siempre, y fue muy agradable ponerse al día con Lily. Hablamos de nuestra semana, nuestros trabajos y nuestros planes para el futuro. Siempre era tan fácil hablar con Lily, y sentía que podía contarle cualquier cosa. Después de un rato, empezamos a tener hambre y **decidimos** pedir algo de comida.

Pedimos la comida y nos sentamos junto a la ventana. El sol entraba por la ventana, haciendo que todo

Παραγγείλαμε το φαγητό μας και βρήκαμε θέση δίπλα στο παράθυρο. Ο ήλιος έμπαινε μέσα από το παράθυρο, κάνοντας τα πάντα να μοιάζουν ζεστά και χαρούμενα. Συζητούσαμε καθώς τρώγαμε το φαγητό μας, απολαμβάνοντας την απλή ευχαρίστηση της **παρέας του** άλλου. Η καφετέρια ήταν γεμάτη, αλλά δεν αισθανόμασταν συνωστισμό. Υπήρχε μια αίσθηση γαλήνης και ικανοποίησης στον αέρα. Καθώς τελειώναμε το φαγητό μας, καθίσαμε για λίγο ακόμα, απολαμβάνοντας την ειρηνική **ατμόσφαιρα**. Μιλήσαμε για λίγο για διάφορα πράγματα που συνέβαιναν στη ζωή μας. Ήταν τόσο ωραίο να τα λέμε με τη φίλη μου και να **χαλαρώνουμε**. Ο ήλιος έλαμπε μέσα από το παράθυρο και ένιωθα ότι **τίποτα δεν** μπορούσε να χαλάσει την τέλεια μέρα μας.

Ξαφνικά, άκουσα έναν δυνατό κρότο. Γύρισα και είδα ότι ένας άνδρας είχε πέσει από το ταβάνι και βρισκόταν στο πάτωμα μπροστά μας. Ήταν **καλυμμένος** με σκόνη και συντρίμμια και φαινόταν να είναι αναίσθητος. Ο φίλος μου και εγώ ήμασταν και οι δύο σε κατάσταση σοκ καθώς κοιτούσαμε τον άνδρα που βρισκόταν στο πάτωμα. Δεν ξέραμε τι να κάνουμε ή ποιον να καλέσουμε για βοήθεια. Απλά καθόμασταν εκεί και τον κοιτούσαμε, χωρίς να ξέρουμε τι να κάνουμε. Μετά από λίγα λεπτά, συνήλθα και κάλεσα το 100. Ο τηλεφωνητής μου είπε ότι κάποιος θα ερχόταν σύντομα. Έκλεισα το τηλέφωνο και είπα στον φίλο μου τι είχε πει ο **τηλεφωνητής.**

fuera cálido y alegre. Charlamos mientras comemos, disfrutando del simple placer de estar en **compañía** del otro. La cafetería estaba llena de gente, pero no se sentía abarrotada. Había una sensación de paz y satisfacción en el aire. Cuando terminamos nuestra comida, nos sentamos un rato más, disfrutando de la **atmósfera de** paz. Hablamos durante un rato de diferentes cosas que nos habían pasado en la vida. Fue muy agradable ponerse al día con mi amigo y **relajarse**. El sol brillaba a través de la ventana y parecía que **nada** podía arruinar nuestro día perfecto.

De repente, oí un fuerte golpe. Me di la vuelta y vi que un hombre había caído por el techo y estaba tendido en el suelo frente a nosotros. Estaba **cubierto** de polvo y escombros y parecía estar inconsciente. Mi amigo y yo nos quedamos en estado de shock mientras miramos al hombre tendido en el suelo. No sabíamos qué hacer ni a quién pedir ayuda. Nos quedamos sentados mirándole, sin saber qué hacer. Al cabo de unos minutos, me recuperé y llamé al 911. La operadora me dijo que alguien llegaría pronto. Colgué el teléfono y le conté a mi amigo lo que había dicho la operadora.

Ερωτήσεις

1. Από πού προέρχεται ο άνθρωπος που πέφτει από την οροφή;

2. Γιατί βρίσκεται η γυναίκα με τη φίλη της στο καφενείο;

3. Ποιο είναι το αγαπημένο καφέ των δύο φίλων;

4. Πόσο καιρό γνωρίζονται οι δύο φίλοι;

5. Ποιο είναι το αγαπημένο ποτό των δύο φίλων;

6. Σε ποια πόλη ζουν οι δύο φίλοι;

7. Πόσο συχνά συναντιούνται οι δύο φίλοι;

8. Τι συζητούν οι δύο φίλοι όταν συναντιούνται για πρώτη φορά στο αγαπημένο τους καφέ;

9. Ποιο είναι το αγαπημένο φαγητό των δύο φίλων;

10. Γιατί είναι τόσο εύκολο να μιλάς στη Λίλι;

Preguntas de comprensión

1. ¿De dónde viene el hombre que cae por el tejado?

2. Por qué la mujer está con su amiga en el café?

3. Cuál es el café favorito de las dos amigas?

4. ¿Desde cuándo se conocen las dos amigas?

5. ¿Cuál es la bebida favorita de los dos amigos?

6. En qué ciudad viven los dos amigos?

7. ¿Con qué frecuencia se reúnen los dos amigos?

8. ¿De qué hablan los dos amigos cuando se encuentran por primera vez en su café favorito?

9. ¿Cuál es la comida favorita de las dos amigas?

10. ¿Por qué es tan fácil hablar con Lily?

Πηγαίνοντας για κολύμπι

Η πισίνα ήταν πάντα ένα **αναζωογονητικό** μέρος, και σήμερα δεν ήταν διαφορετικό. Ο ήλιος έλαμπε και το νερό φαινόταν φιλόξενο. Πήρα μια βαθιά ανάσα και βούτηξα μέσα, νιώθοντας τη δροσερή αγκαλιά του νερού. Κολύμπησα για λίγο, απολαμβάνοντας την άσκηση και την ευκαιρία να καθαρίσω το μυαλό μου. Μετά από λίγο, βγήκα έξω και στεγνώθηκα, και στη συνέχεια κάθισα σε μια πετσέτα για να χαλαρώσω στον ήλιο. Έκλεισα τα μάτια μου και άφησα τη **ζεστασιά να** με πλημμυρίσει, νιώθοντας τους μυς μου να αρχίζουν να χαλαρώνουν. Ξαφνικά, άκουσα έναν παφλασμό και άνοιξα τα μάτια μου για να δω τη μικρή μου αδελφή **να κωπηλατεί στο** ρηχό μέρος. Χαμογέλασα και την παρακολούθησα για λίγο, μετά σηκώθηκα και πήγα κοντά της. Κουβεντιάσαμε για λίγο και κωπηλατήσαμε μαζί, απολαμβάνοντας ο ένας την παρέα του άλλου. Σύντομα ήρθαν και οι γονείς μας και περάσαμε το υπόλοιπο απόγευμα κολυμπώντας και παίζοντας παιχνίδια μαζί. Ήταν πάντα πολύ ωραίο να περνάμε χρόνο με την οικογένεια στην πισίνα. Υπάρχει **κάτι στο** να είσαι μέσα στο νερό που φαίνεται να φέρνει τους ανθρώπους κοντά. Ίσως επειδή είμαστε όλοι ίσοι όταν είμαστε στο νερό - δεν μπορούμε να κρύψουμε

Ir a nadar

La piscina siempre era un lugar **refrescante,** y hoy no era diferente. El sol brillaba y el agua parecía atractiva. Respiré profundamente y me zambullí, sintiendo el fresco abrazo del agua. Nadé un rato, disfrutando del ejercicio y de la oportunidad de despejar la cabeza. Después de un rato, salí y me sequé, y me senté en una toalla para relajarme al sol. Cerré los ojos y dejé que el **calor** me bañara, sintiendo que mis músculos empezaban a relajarse. De repente, oigo un chapoteo y abro los ojos para ver a mi hermana pequeña **remando** en la parte menos profunda. Sonreí y la observé durante un rato, luego me levanté y me acerqué a ella. Charlamos un rato y remamos juntas, disfrutando de la compañía de la otra. Pronto se unieron nuestros padres y pasamos el resto de la tarde nadando y jugando juntos. Siempre es muy agradable pasar tiempo con la familia en la piscina. Hay **algo** en el agua que parece unir a la gente. Tal vez sea porque todos somos iguales cuando estamos en el agua, no podemos ocultar nuestros defectos ni fingir lo que no somos. O tal vez porque es divertido. **Cualquiera que sea** la razón, me alegro de que hayamos podido reunirnos y disfrutar de la compañía de los demás en un lugar tan especial.

τα ελαττώματά μας ή να προσποιηθούμε ότι είμαστε κάτι που δεν είμαστε. Ή ίσως είναι απλά επειδή έχει πλάκα! **Όποιος κι αν είναι** ο λόγος, απλά χάρηκα που μπορέσαμε να βρεθούμε όλοι μαζί και να απολαύσουμε ο ένας την παρέα του άλλου σε ένα τόσο ξεχωριστό μέρος.

Ο ήλιος χτυπούσε το δέρμα μου και η μυρωδιά του χλωρίου βρισκόταν στον αέρα. Άκουγα τους ήχους των παιδιών που γελούσαν και πλατσούριζαν στην πισίνα. Ήμουν ξαπλωμένη σε μια ξαπλώστρα δίπλα στην πισίνα, απολαμβάνοντας τον ήλιο και **απολαμβάνοντας** τη μέρα. Είχα κλείσει τα μάτια μου και ήμουν έτοιμη να πέσω για ύπνο όταν άκουσα κάποιον να με πλησιάζει. Άνοιξα τα μάτια μου και είδα μια γυναίκα να στέκεται δίπλα μου. Φορούσε μπικίνι και είχε τυλίξει μια πετσέτα γύρω από τη μέση της. Είχε μακριά ξανθά μαλλιά και μπλε μάτια. Κρατούσε ένα μπουκάλι **αντηλιακό** στο χέρι της. "Σε πειράζει να βάλω λίγο αντηλιακό στην πλάτη σου;" με ρώτησε. "Όχι, δεν πειράζει", είπα, καθισμένος ώστε να μπορεί να φτάσει στην πλάτη μου. Ένιωσα τα χέρια της στο δέρμα μου καθώς έβαζε το αντηλιακό.

El sol golpeaba mi piel y el olor a cloro estaba en el aire. Oigo el sonido de los niños riendo y chapoteando en la piscina. Estaba tumbada en una tumbona junto a la piscina, tomando el sol y **disfrutando** del día. Tenía los ojos cerrados y estaba a punto de dormirme cuando oí que alguien se acercaba a mí. Abrí los ojos y vi a una mujer de pie junto a mí. Llevaba un bikini y una toalla alrededor de la cintura. Tenía el pelo largo y rubio y los ojos azules. Llevaba un bote de **crema solar** en la mano. "¿Te importa si te pongo un poco de crema solar en la espalda?", me preguntó. "No, está bien", dije, sentándome para que pudiera alcanzar mi espalda. Sentí sus manos en mi piel mientras me aplicaba el protector solar.

Ερωτήσεις

1. Πού βρισκόταν ο αφηγητής όταν αρχίζει την ιστορία;

2. Τι μυρίζει ο αφηγητής όταν ανοίγει τα μάτια του;

3. Τι ακούει ο αφηγητής όταν ανοίγει τα μάτια του;

4. Ποιανού αντηλιακό δίνει η γυναίκα στον αφηγητή;

5. Τι ονειρεύεται ο αφηγητής;

6. Γιατί το κολύμπι στη θάλασσα είναι τόσο ξεχωριστό για τον αφηγητή;

7.Πώς αισθάνεται το νερό στο οποίο κολυμπάει ο αφηγητής;

8. Τι βλέπει ο αφηγητής όταν βγαίνει από το νερό;

Preguntas de comprensión

1. ¿Dónde estaba el narrador cuando comienza la historia?

2. Qué huele el narrador cuando abre los ojos?

3. ¿Qué oye el narrador cuando abre los ojos?

4. De quién es el protector solar que la mujer le da al narrador?

5. ¿Con qué sueña el narrador?

6. ¿Por qué nadar en el océano es tan especial para el narrador?

7. ¿Cómo se siente el agua cuando el narrador nada en ella?

8. ¿Qué ve el narrador cuando sale del agua?

Κούρεμα του γκαζόν

Είναι 10 το πρωί ενός καλοκαιρινού **Σαββάτου** και ο ήλιος ήδη χτυπάει ανελέητα. Βγαίνεις στο γκαράζ για να φέρεις τη μηχανή του γκαζόν, νιώθοντας ότι **καταδικάζεσαι** σε καταναγκαστική εργασία. Ξεκινάς να κουρεύεις το γκαζόν, φροντίζοντας να πηγαίνεις όμορφα και αργά για να μην χάσεις κανένα σημείο. Καθώς κουρεύεις, σκέφτεσαι πόσο ωραία είναι να είσαι έξω στον καθαρό αέρα. Καθώς αρχίζετε να σπρώχνετε το χλοοκοπτικό μπρος-πίσω στο γκαζόν, βλέπετε με την άκρη του **ματιού σας τον** γείτονά σας. Χαιρετάτε τον γείτονα και τον χαιρετάτε και αυτός σας χαιρετάει.

Μετά από λίγα λεπτά, τελειώνετε και πηγαίνετε στο σπίτι του γείτονά σας για να πιείτε μια μπύρα μαζί του στον κήπο. Είναι μια **τέλεια** μέρα - όχι πολύ ζεστή, με ένα απαλό αεράκι να φυσάει. Κάθεστε εκεί στη σκιά του δέντρου, πίνοντας την μπύρα σας και συζητώντας με τον γείτονά σας. Τέτοιες μέρες σε κάνουν να εκτιμάς το καλοκαίρι. Στη συνέχεια **μπαίνετε** μέσα για μια μπύρα που σας αξίζει. Ξαπλώνεις σε μια καρέκλα στη βεράντα και ανοίγεις το κουτάκι, αφήνοντας έναν ικανοποιημένο αναστεναγμό. Ο ήχος του χλοοκοπτικού μηχανήματος περνάει στο παρασκήνιο καθώς χαλαρώνεις στη σκιά, απολαμβάνοντας την **ηρεμία της** στιγμής. Η μπύρα έχει πολύ καλή γεύση μετά από όλη αυτή τη σκληρή δουλειά

Cortar el césped

Son las 10 de la mañana de un **sábado** de verano y el sol ya está pegando sin piedad. Te diriges al garaje para coger el cortacésped, con la sensación de estar **condenado** a realizar trabajos forzados. Empiezas a cortar el césped, asegurándote de ir despacio para no perder ningún punto. Mientras cortas, piensas en lo bien que te sientes al aire libre. Cuando empiezas a empujar el cortacésped de un lado a otro del césped, ves a tu vecino de **reojo**. Le saludas con la mano y él te devuelve el saludo.

Después de unos minutos, has terminado y te diriges a la casa de tu vecino para tomar una cerveza con él en el jardín delantero. Es un día **perfecto**: no hace demasiado calor y sopla una suave brisa. Te sientas a la sombra del árbol, bebes tu cerveza y charlas con tu vecino. Son días como éste los que te hacen apreciar el verano. Luego entras a tomar una merecida cerveza. Te tumbas en una silla del porche y abres la lata, dejando escapar un suspiro de satisfacción. El sonido del cortacésped pasa a un segundo plano mientras te relajas a la sombra, disfrutando de la **tranquilidad del** momento. La cerveza sabe muy bien después de todo el trabajo duro en el calor. Estaba a punto de entrar cuando oigo un ruido en la puerta de al lado.

στη ζέστη. Ήμουν έτοιμος να πάω μέσα, όταν άκουσα έναν θόρυβο δίπλα.

Ακουγόταν σαν κάποιος να έκλαιγε. Σταμάτησα να κουρεύω και πήγα στον φράχτη που χώριζε τις αυλές μας. Κοίταξα και είδα τη γειτόνισσά μου, την κυρία Τζόνσον, να κλαίει στην κούνια της βεράντας της. Της φώναξα, αλλά δεν με άκουσε. Σκαρφάλωσα πάνω από τον φράχτη και την πλησίασα. "Κυρία Τζόνσον, είστε καλά;" ρώτησα. Με κοίταξε με δάκρυα στα μάτια και κούνησε το κεφάλι της. "Όχι, δεν είμαι καλά", είπε. "Η γάτα μου πέθανε χθες". Σοκαρίστηκα. Δεν ήξερα τι να πω. Απλώς στεκόμουν εκεί αμήχανα, χωρίς να ξέρω τι να κάνω. Τελικά, έβαλα το χέρι μου στον **ώμο** της και της είπα: "Λυπάμαι πολύ, κυρία Τζόνσον. Αν υπάρχει κάτι που μπορώ να κάνω για να βοηθήσω, παρακαλώ ενημερώστε με. " Εκείνη κούνησε το κεφάλι της και είπε: "Όχι, δεν υπάρχει **τίποτα** που μπορεί να κάνει κανείς". Μετά σηκώθηκε και μπήκε μέσα στο σπίτι της. Στάθηκα εκεί για μια στιγμή, χωρίς να ξέρω τι να κάνω. Μετά επέστρεψα να κουρέψω το γκαζόν μου. Καθώς τελείωνα, δεν μπορούσα παρά να σκεφτώ την κυρία Τζόνσον και τη γάτα της.

Parecía que alguien estaba llorando. Dejé de cortar el césped y me acerqué a la valla que separaba nuestros patios. Me asomé y vi a mi vecina, la señora Johnson, llorando en el columpio de su porche. La llamé, pero no me oyó. Trepé por la valla y me acerqué a ella. "Sra. Johnson, ¿está usted bien?" le pregunté. Me miró con lágrimas en los ojos y negó con la cabeza. "No, no estoy bien", dijo. "Mi gato murió ayer". Me sorprendió. No sabía qué decir. Me quedé de pie, sin saber qué hacer. Finalmente, le puse la mano en **el hombro** y le dije: "Lo siento mucho, señora Johnson. Si hay algo que pueda hacer para ayudar, por favor hágamelo saber". "Ella negó con la cabeza y dijo: "No, **no hay nada** que nadie pueda hacer". Luego se levantó y entró en su casa. Me quedé allí un momento, sin saber qué hacer. Luego volví a cortar el césped. Mientras terminaba, no pude evitar pensar en la señora Johnson y su gato.

Ερωτήσεις

1. Τι ώρα είναι;

2. Πού βρίσκεται το άτομο που κουρεύει;

3. Πώς αισθάνεται το άτομο;

4. Γιατί το άτομο πρέπει να κουρεύει αργά;

5. Τι καιρό έχουμε;

6. Τι κάνει το άτομο μετά το κούρεμα;

7. Τι ακούει το άτομο πριν πάει στο σπίτι του;

8. Ποιος είναι με την κα Τζόνσον;

9. Γιατί κλαίει η κυρία Τζόνσον;

Preguntas de comprensión

1. ¿Qué hora es?

2. ¿Dónde está la persona que corta el césped?

3. ¿Cómo se siente la persona?

4. ¿Por qué la persona tiene que segar lentamente?

5. ¿Qué tiempo hace?

6. ¿Qué hace la persona después de segar?

7. ¿Qué oye la persona antes de volver a casa?

8. ¿Quién está con la señora Johnson?

9. ¿Por qué llora la Sra. Johnson?

Κούρεμα

Ήθελα να κουρευτώ εδώ και εβδομάδες, αλλά πάντα κατάφερνα να το αναβάλλω. Αλλά με τα **Χριστούγεννα να είναι προ των πυλών**, ήξερα ότι δεν μπορούσα να το αναβάλλω άλλο. Δεν ήθελα να εμφανιστώ στο χριστουγεννιάτικο δείπνο της οικογένειάς μου σαν ένα ατημέλητο χάλι. Έτσι, νωρίς το πρωί των Χριστουγέννων, πήγα στο κομμωτήριο. Παρόλο που ήταν νωρίς, το κομμωτήριο ήταν ήδη απασχολημένο με άλλους ανθρώπους **που** έφτιαχναν τα μαλλιά τους για τις γιορτές. Πήρα τη θέση μου στην ουρά και περίμενα τη σειρά μου. Τελικά, ήρθε η σειρά μου στην καρέκλα. Η στιλίστρια, μια φιλική γυναίκα ονόματι Jill, με ρώτησε τι ήθελα. "Απλά ένα κούρεμα, τίποτα δραστικό", απάντησα. Η Τζιλ έπιασε δουλειά, κόβοντας τα μαλλιά μου. Καθώς δούλευε, άρχισα να χαλαρώνω. Ένιωθα ωραία που επιτέλους φρόντιζα τον εαυτό μου. Ήμουν τόσο απασχολημένη τον τελευταίο καιρό, τρέχοντας να φροντίζω όλους τους άλλους, που είχα αφήσει τις δικές μου ανάγκες να περάσουν στο περιθώριο. Αλλά όχι **πια**. Από τώρα και στο εξής, θα έβρισκα χρόνο για τον εαυτό μου.

Όταν η Τζιλ τελείωσε, κοίταξα στον καθρέφτη και έμεινα ευχαριστημένη με αυτό που είδα. Τα μαλλιά μου έδειχναν τακτοποιημένα και γυαλισμένα - τέλεια για

Cortarse el pelo

Llevaba semanas queriendo cortarme el pelo, pero siempre me las arreglaba para posponerlo. Pero con **la Navidad a** la vuelta de la esquina, sabía que no podía posponerlo más. No quería llegar a la cena de Navidad de mi familia con un aspecto desaliñado. Así que, a primera hora de la mañana de Navidad, me dirigí a la peluquería. Aunque era temprano, la peluquería ya estaba ocupada con otras personas que se **estaban** peinando para las fiestas. Me puse en la cola y esperé mi turno. Finalmente, me tocó el turno de la silla. La estilista, una amable mujer llamada Jill, me preguntó qué quería. "Sólo un recorte, nada demasiado drástico", respondí. Jill se puso a trabajar, recortando mi pelo. Mientras trabajaba, empecé a relajarme. Me sentí bien por fin cuidando de mí misma. Últimamente había estado tan ocupada, corriendo de un lado a otro cuidando de los demás, que había dejado de lado mis propias necesidades. Pero **ya** no. A partir de ahora, iba a sacar tiempo para mí.

Cuando Jill terminó, me miré en el espejo y quedé satisfecha con lo que vi. Mi cabello se veía ordenado y pulido, perfecto para las reuniones navideñas. **Le di las gracias a Jill** y tomé nota de que volvería más a menudo. A partir de ahora, lo primero que haré será

τις γιορτινές συγκεντρώσεις. **Ευχαρίστησα** την Τζιλ και σημείωσα στο **μυαλό μου** να έρχομαι πιο συχνά. Από τώρα και στο εξής, θα φροντίζω πρώτα απ' όλα τον εαυτό μου. Έπιασε δουλειά κόβοντας τα μαλλιά μου. Σκέφτηκα πόσο ευγνώμων ήμουν που επιτέλους είχα καταφέρει να κουρευτώ. Ένιωθα καλά που ήξερα ότι θα ήμουν ευπαρουσίαστη για το χριστουγεννιάτικο **δείπνο**. Δεν θα χρειαζόταν πλέον να ανησυχώ για την οικογένειά μου που θα με πείραζε για την "ατημέλητη" εμφάνισή μου. Μετά από λίγα λεπτά, ο κομμωτής τελείωσε με το κούρεμα των μαλλιών μου και μου έκανε ένα γρήγορο πιστολάκι. Κοίταξα στον καθρέφτη και ήμουν ευχαριστημένη με αυτό που έβλεπα - μια καθαρή εμφάνιση που θα ήταν τέλεια για το χριστουγεννιάτικο δείπνο. Τώρα που το κούρεμά μου είχε τελειώσει, μπορούσα να επικεντρωθώ στο να απολαύσω τις γιορτές με την οικογένειά μου. Και ήμουν ακόμα πιο ευγνώμων γι' αυτό.

Ένιωσα τόσο **απελευθερωμένη** και μου άρεσε πολύ το νέο μου κούρεμα. Αφού πλήρωσα για το κούρεμά μου, πήγα σπίτι και άρχισα να μαζεύω τα πράγματά μου για το ταξίδι μου. Ανυπομονούσα να επιδείξω το νέο μου λουκ στην οικογένεια και τους φίλους μου. Ήξερα ότι θα εκπλαγούν όταν με δουν. Την ημέρα της πτήσης μου, έφτασα στο αεροδρόμιο με αρκετό χρόνο στη διάθεσή μου. Πέρασα από τον έλεγχο ασφαλείας χωρίς κανένα πρόβλημα και σύντομα ξεκίνησα το ταξίδι μου.

cuidarme a mí misma. Se puso a trabajar cortando mi cabello. Pensé en lo agradecida que estaba de haberme cortado el pelo por fin. Me sentí bien al saber que estaría presentable para la **cena de** Navidad. Ya no tendría que preocuparme de que mi familia se burlara de mi aspecto "desaliñado". Después de unos minutos, el estilista terminó de cortarme el pelo y me secó rápidamente. Me miré en el espejo y me sentí feliz con lo que vi: un aspecto limpio que sería perfecto para la cena de Navidad. Ahora que mi corte de pelo había terminado, podía centrarme en disfrutar de las vacaciones con mi familia. Y estaba aún más agradecida por ello.

Me sentí muy **liberada** y me encantó el aspecto de mi nuevo corte de pelo. Después de pagar mi corte de pelo, me fui a casa y empecé a hacer la maleta para mi viaje. Me **moría de** ganas de enseñar mi nuevo look a mi familia y amigos. Sabía que se sorprenderían cuando me vieran. El día de mi vuelo, llegué al aeropuerto con tiempo de sobra. Pasé el control de seguridad sin problemas y pronto me puse en camino.

Ερωτήσεις

1. Τι έπρεπε να κάνει ο πρωταγωνιστής πριν από τα Χριστούγεννα;

2. Πώς ένιωθε η πρωταγωνίστρια για τη φροντίδα του εαυτού της;

3. Ποιος κούρευε τα μαλλιά του πρωταγωνιστή;

4. Γιατί η οικογένεια της πρωταγωνίστριας θα την πείραζε;

5. Πώς αισθάνθηκε η πρωταγωνίστρια μετά το κούρεμά της;

6. Τι έκανε η πρωταγωνίστρια αφού κουρεύτηκε;

7. Ποια ήταν η αντίδραση της οικογένειας της πρωταγωνίστριας στο κούρεμά της;

Preguntas de comprensión

1. ¿Qué tenía que hacer el protagonista antes de Navidad?

2. Cómo se sentía la protagonista al cuidarse a sí misma?

3. Quién recortó el pelo de la protagonista?

4. Por qué la familia de la protagonista se burlaba de ella?

5. Cómo se sintió la protagonista después de cortarse el pelo?

6. ¿Qué hizo la protagonista después de cortarse el pelo?

7. Cuál fue la reacción de la familia de la protagonista ante su corte de pelo?

Το πάρκο

Ο ήλιος έδυε και το πάρκο ήταν άδειο. Κάθισα στο παγκάκι, περιμένοντας τον **φίλο μου**. Είχαμε κανονίσει να συναντηθούμε εδώ πριν από μια ώρα, αλλά πάντα αργούσε. Εκεί που ήμουν έτοιμος να τα παρατήσω και να πάω σπίτι, την είδα να τρέχει προς το μέρος μου. "Λυπάμαι πολύ", ασθμαίνοντας έφτασε στον πάγκο. "Το τρένο μου **καθυστέρησε**".

"Δεν πειράζει", είπα **με συγχώρεση**. "Μόλις έφτασα εδώ".

Καθίσαμε και συζητήσαμε για λίγο, ενημερώνοντας ο ένας τη ζωή του άλλου από την τελευταία φορά που συναντηθήκαμε. Η συζήτηση κύλησε **εύκολα** και ήταν σαν να μην είχε περάσει καθόλου χρόνος από την τελευταία φορά που ειδωθήκαμε. Καθώς έδυε ο ήλιος, αποχαιρετιστήκαμε και πήραμε τους δρόμους μας. Την επόμενη φορά που συναντηθήκαμε, ήταν σε ένα διαφορετικό πάρκο. Και πάλι, είχε αργήσει, αλλά δεν με πείραξε. Ήταν ωραίο να έχω κάποιον να μιλήσω που με **καταλάβαινε.** Μιλήσαμε για τα όνειρα και τις **φιλοδοξίες** μας, για πράγματα που θέλαμε να κάνουμε στη ζωή μας. Εκείνη μου είπε για τα σχέδιά της να ταξιδέψει στον κόσμο και εγώ μοιράστηκα το όνειρό μου να γίνω συγγραφέας. Καθώς ο ήλιος έδυε σε μια άλλη μέρα, αποχαιρετιστήκαμε για άλλη μια φορά, υποσχόμενοι να κρατήσουμε επαφή αυτή τη φορά.

El parque

El sol se ponía y el parque estaba vacío. Me senté en el banco, esperando a mi **amiga**. Habíamos quedado aquí hace una hora, pero ella siempre llegaba tarde. Justo cuando estaba a punto de rendirme y volver a casa, la vi correr hacia mí.

"Lo siento mucho", jadeó al llegar al banco. "Mi tren se **retrasó**".

"Está bien", dije **con perdón**. "Acabo de llegar yo mismo".

Nos sentamos y charlamos un rato, poniéndonos al día de la vida de cada uno desde la última vez que nos vimos. La conversación fluye con **facilidad** y parece que no ha pasado nada de tiempo desde la última vez que nos vimos. Al ponerse el sol, nos despedimos y nos fuimos por caminos distintos. La siguiente vez que nos vimos fue en otro parque. De nuevo, llegó tarde, pero no me importó. Era agradable tener a alguien con quien hablar y que me **entendiera**. Hablamos de nuestros sueños y **aspiraciones**, de las cosas que queríamos hacer con nuestras vidas. Ella me contó sus planes de viajar por el mundo, y yo compartí mi sueño de convertirme en escritor. Al ponerse el sol un día más, nos despedimos una vez más, prometiendo que esta vez nos mantendríamos en contacto.

Τα χρόνια πέρασαν και η **φιλία** μας παρέμεινε ισχυρή, παρόλο που ζούσαμε πλέον σε διαφορετικά μέρη της χώρας. Κρατούσαμε επαφή μέσω επιστολών και περιστασιακών τηλεφωνημάτων, μοιραζόμενοι ο ένας με τον άλλον τα νέα της ζωής μας. Όταν ανακοίνωσε ότι παντρεύεται, δεν **εξεπλάγην** - ήταν πάντα **περιπετειώδης** τύπος. Αλλά όταν με ρώτησε αν θα ήμουν κουμπάρα της στη γαμήλια τελετή της που θα γινόταν στην άλλη άκρη του κόσμου από εκεί που ζούσα... χρειάστηκε να την πείσω! Στο τέλος όμως δεν μπορούσα να αφήσω την καλύτερή μου φίλη να παντρευτεί χωρίς εμένα στο πλευρό της, οπότε παρά τους φόβους μου (και μετά από πολλές παρακλήσεις της!) **συμφώνησα** να πάω μαζί της σε αυτό που αποδείχθηκε η **περιπέτεια** της ζωής μου.

Η ημέρα του **γάμου** έφτασε επιτέλους. Είχα άγχος, αλλά και ενθουσιασμό που θα συμμετείχα σε μια τόσο σημαντική στιγμή στη ζωή της φίλης μου. Η τελετή ήταν πανέμορφη και εκείνη έδειχνε ευτυχισμένη καθώς έλεγε τους όρκους της. **Στη συνέχεια**, γιορτάσαμε με ένα μεγάλο πάρτι - φαινόταν ότι όλοι όσοι γνώριζε είχαν έρθει να γιορτάσουν μαζί της! Ήταν μια **μαγική** μέρα που δεν θα ξεχάσω ποτέ, και η φιλία μας έγινε ακόμα πιο δυνατή μετά από αυτή την περιπέτεια. Τώρα, χρόνια αργότερα, εξακολουθούμε να κρατάμε επαφή.

Pasaron los años y nuestra **amistad** se mantuvo firme aunque ahora vivíamos en diferentes partes del país. Nos mantuvimos en contacto a través de cartas y llamadas telefónicas ocasionales, compartiendo noticias de nuestras vidas. Cuando anunció que se iba a casar, no me **sorprendió**, ya que siempre había sido una **aventurera**. Pero cuando me pidió que fuera su dama de honor en la ceremonia de su boda, que se celebraba al otro lado del mundo desde donde yo vivía... ¡hubo que convencerla! Al final, no podía dejar que mi mejor amiga se casara sin estar a su lado, así que, a pesar de mis temores (¡y tras muchas súplicas por su parte!), acepté acompañarla en lo que resultó ser la **aventura** de su vida.

Por fin llegó el día de la **boda**. Estaba nerviosa, pero emocionada por formar parte de un momento tan importante en la vida de mi amiga. La ceremonia fue preciosa, y ella parecía feliz mientras decía sus votos. **Después**, lo celebramos con una gran fiesta: ¡parecía que todos sus conocidos habían venido a celebrarlo con ella! Fue un día **mágico** que nunca olvidaré, y nuestra amistad no hizo más que fortalecerse después de aquella aventura. Ahora, años después, seguimos en contacto.

Ερωτήσεις

1. Πού συναντήθηκαν για πρώτη φορά η συγγραφέας και η φίλη της;

2. Γιατί ο φίλος του συγγραφέα άργησε στη συνάντησή τους;

3. Για τι μίλησαν οι φίλοι όταν συναντήθηκαν ξανά μετά από χρόνια;

4. Πώς αισθάνθηκε η συγγραφέας όταν παρακολούθησε τη γαμήλια τελετή της φίλης της;

5. Περιγράψτε το σκηνικό της γαμήλιας τελετής.

6. Πώς άλλαξε η φιλία μεταξύ των δύο γυναικών με την πάροδο του χρόνου;

7. Ποιο είναι το όνειρο του συγγραφέα;

8. Πού σκοπεύει να ταξιδέψει ο φίλος του συγγραφέα;

9. Γιατί η συγγραφέας δίσταζε να παραστεί στη γαμήλια

Preguntas de comprensión

1. ¿Dónde se conocieron la autora y su amiga?

2. Por qué la amiga de la autora llegó tarde a su encuentro?

3. De qué hablaron las amigas cuando se reencontraron años después?

4. Cómo se sintió la autora al asistir a la ceremonia de boda de su amiga?

5. Describe el escenario de la ceremonia de la boda.

6. Cómo ha cambiado la amistad entre las dos mujeres a lo largo del tiempo?

7. ¿Cuál es el sueño de la autora?

8. ¿Dónde piensa viajar la amiga de la autora?

9. ¿Por qué la autora dudaba en asistir a la ceremonia de boda de su amiga?